普通高校体育课程教材

气排球运动教程

袁　芳　赵振东　主编

北京航空航天大学出版社

内 容 简 介

本书的主要目的在于讲授与传播气排球运动的基本知识、基本技战术和比赛规则等内容，以适应大众的需求。本书是作者在理论与实践相结合的基础上，根据目前气排球运动的发展而编写的，内容丰富易懂，便于读者理解；不仅详细讲解了气排球运动的技术动作，而且还具体介绍了易犯错误动作的纠错方法及训练方法等，能使读者更好地理解和掌握气排球运动的技战术。

本书的读者对象主要是气排球运动相关的从业者和爱好者。本书也可为教练指导训练、给运动员训练提供指导和借鉴，还可帮助气排球运动爱好者提高气排球运动技术、掌握气排球运动相关知识。

图书在版编目(CIP)数据

气排球运动教程 / 袁芳，赵振东主编. -- 北京 ：北京航空航天大学出版社，2023.1

ISBN 978-7-5124-4039-5

Ⅰ. ①气… Ⅱ. ①袁… ②赵… Ⅲ. ①排球运动—教材 Ⅳ. ①G842

中国国家版本馆 CIP 数据核字(2023)第 023539 号

气排球运动教程

袁　芳　赵振东　主编

策划编辑　张冀青　　责任编辑　张　凌

*

北京航空航天大学出版社出版发行

北京市海淀区学院路 37 号(邮编 100191)　http://www.buaapress.com.cn

发行部电话：(010)82317024　传真：(010)82328026

读者信箱：emsbook@buaacm.com.cn　邮购电话：(010)82316936

北京九州迅驰传媒文化有限公司印装　各地书店经销

*

开本：710×1 000　1/16　印张：13.25　字数：237 千字

2023 年 1 月第 1 版　2023 年 1 月第 1 次印刷

ISBN 978-7-5124-4039-5　定价：49.00 元

前　言

气排球运动诞生于20世纪80年代，由我国呼和浩特铁路局济宁分局离退休职工首创，是我国土生土长的一项新型大众排球活动。最开始的气排球运动主要在全国铁路老年人群体中进行，随着竞赛规则的逐渐完善与全民健身等政策的支持，气排球运动逐渐向各年龄段普及。2017年，在全国第十三届天津全运会上，气排球运动成为群众体育的正式比赛项目之一，具有巨大的发展潜力与商业市场。

气排球运动源于排球运动，但在运动特性、比赛规则、参与人群和场地要求等方面存在显著差异。气排球更轻更柔软，场地与排球运动比较小，有效地在降低排球运动难度的同时保留了其项目特性，普及性、娱乐性和健身性的特征较为突出。从学习难度及趣味性方面来看，气排球运动更容易被大众群体所接受，无论年龄和性别，参与门槛较低，与初学者的需求较为贴合。

本教材深入浅出，以气排球运动的基本理论为起点，逐步引领学习者步入实践操作的殿堂。它采用循序渐进的教学方式，从简单的动作技巧到复杂的战术应用，逐步加深难度，使得学习者能够逐步掌握气排球运动的核心知识和技能。对于气排球运动爱好者来说，本教材不仅是一本教学训练的参考读物，更是一本实用的技能提升指南。它详细解析了气排球比赛的基本规则，包括比赛场地、球员人数、得分机制、犯规行为等方面的规定，帮助学习者全面了解比赛的流程和要点。

同时，本教材还注重实践操作的培养，通过生动的案例分析和实战演练，让学习者能够在实践中深化对气排球运动的理解。无论是传球、接发球、扣球还是防守等关键技术，本教材都提供了详细的动作要领和训练方法，帮助学习者逐步掌握正确的动作姿势和技巧。

本教材是一本集理论与实践于一体的气排球运动教学参考书，适用于广大气排球运动爱好者。无论是初学者还是资深爱好者，都能够从中受益，提升自己的技能水平和比赛经验。它不仅能够帮助学习者全面掌握气排球运动的核心知识和技能，还能够激发他们的学习热情，促进他们的全面发展。

本书由袁芳（北京体育大学）、赵振东（中国矿业大学）担任主编，任康（太原理工大学）担任副主编，唐贞琪（上海市七宝中学）、凌彦婷（深圳市龙华区教育科学研究院附属外国语学校）、王晓明（人大附中航天城学校）、隋欣可（广州体育学院）、林豆豆（北京教育学院附属丰台实验学校）、王璞（首都体育学院）、梁志军（北京体育大学）均参与编写工作。

气排球运动作为一个正在蓬勃发展的新兴项目，部分有关内容研究还在探索过程中，限于编者水平，书中难免存在疏漏与不足之处，敬请各位读者批评指正。

作　者

2023 年 1 月

目　　录

第一章　气排球运动的发展史

本章介绍了世界气排球运动和我国气排球运动的发展概况，气排球运动的特点与功能，以及其未来的发展趋势。

第一节　世界气排球运动的发展

自1984年出现以来，气排球运动在国内迅速发展。2015年6月，中国排球协会、国家体育总局排球运动管理中心正式将气排球运动纳入国家排球运动发展计划，规划了气排球运动发展蓝图。相比之下，世界气排球运动的发展仍处于萌芽阶段，各国对于气排球运动知之甚少。但是，从中国走出的气排球运动有着很强的国际推广前景。近两年来，国家之间和地区之间的相互交流、共同合作、人类命运共同体的共建等一系列国际友好往来越来越密切、越来越频繁，这为气排球运动走出国门、走向世界创造了更多的机会。

我国香港和内地已经形成了气排球运动推广交流合作机制，两地业内人士已经多次组织相关比赛，并且将这一运动推广到澳大利亚、美国、越南、哈萨克斯坦等国家和地区。眼下，香港健康轻(气)排球会、香港中文大学等机构还和深圳等地的企业、机构紧密合作，对气排球运动的理论发展和文化开拓进行研究，撰写气排球运动教学大纲并拍摄教学视频，气排球运动正一步步成为国际排球大家庭中源自中国、技术和产业都扎根中国的运动项目。

第二节　我国气排球运动的发展

一、气排球运动的起源及演变

气排球运动是我国土生土长的一项群众性排球活动。1984年，呼和浩特铁路局济宁分局为开展老年体育活动，在无任何规则限制的情况下，组织退休职工在排球场上放气球。因为气球过轻且易爆，他们把两个气球套在一起玩，最后又改用儿童软塑料球。随后，他们参照6人排球规则制定了简单的比赛规则，并将这项活动的形式命名为“气排球”。

二、气排球运动的历史与发展

今天，气排球作为一个集运动、休闲、娱乐为一体的群众性体育项目，已如火如荼地在全国各地开展起来。作为一个新兴的体育项目，气排球运动现在已经受到越来越多老年朋友的青睐。气排球运动的发展经历了以下四个阶段。

（一）初步形成阶段

1984—1988年是气排球运动初步形成的阶段，除了呼和浩特地区开展气排球运动以外，我国其他地区较少接触气排球。

（二）宣传推广阶段

1989—2003年气排球运动步入了宣传推广阶段，在这一时期，气排球运动主要在中老年群体中开展和推广。1989年，国家成立了气排球运动推广小组，提出在全国范围内推动气排球运动快速发展，并要求把气排球运动发展成为全民健身和文化娱乐的基本构成单元。1991年，在北京举行了全国铁路老年体育工作会议，会议决定在全国老年人中推广气排球运动，火车头体育协会依据排球竞赛规则编写了第一本气排球比赛规则。1992年，在石家庄举办了第一届全国气排球学习班，同年11月在武汉举行了首届全国老年人气排球比赛。

1993年1月，中国第一个气排球协会组织——火车头老年人气排球协会，在北京正式成立。同年7月，第二届全国老年人气排球比赛分别在齐齐哈尔和锦州举行。从此，气排球运动在全国铁路系统中迅速推广开来。之后，呼和浩特、北京、济南、郑州、兰州、成都、柳州等地的铁路局先后举办了全局或分局的气排球培训班和比赛，气排球运动在铁路系统得到了广泛开展。参赛的代表队逐年增多，而且运动水平也不断提高。9人制排球中的勾手大力发球、双手捧球技术频频被使用，还创造了独特的翻顶球、扒球技术；有些队还组织了比较灵活的“中一二”、“边一二”及“两次球”进攻战术。

1995年5月16日，时任国际奥委会主席萨马兰奇先生在天津出席第43届世乒赛期间，由时任国家体委主任伍绍祖、国际奥委会委员何振梁、火车头体育协会副主席冯子彬等陪同，视察我国铁路职工群体活动开展情况。在观看了铁道科学院气排球队的演示后，他说道："气排球很好，既适合老年人，也适合中年、青少年。"

1997年，气排球被申请成为国家专利，因此也成为一个由中国人发明并拥有自己知识产权的新型体育项目。这项运动的发明与兴起，是中国对世界体育事业的一大贡献。1999年1月，中国老年人体育协会委托火车头气排球协会，在河南郑州举办了第一次全国老年人气排球培训班，在全国范围内形成了较大影响，气排球运动很快在浙江、福建、上海、江苏、湖南、广西、重庆等地得到了很好的推广。

1999年，在河南省郑州市举办了第一次全国老年人气排球培训班，在全国形成了不小的影响，从此气排球运动迅速在北京、浙江、福建、上海、云南、广东、广西、四川等地广泛传播开来。

(三) 普及提高阶段

2004—2014年，气排球运动进入普及提高的阶段。在本阶段，气排球运动在国内得到蓬勃发展，一是这项运动在全国各地各行各业中逐步推广开来，运动参与人群逐渐由老年人向中青年发展；二是中国老年人体育协会在赛事交流、裁判培养、组织管理等方面做了大量工作，并加强了与国家排球管理中心的沟通与交流，使得气排球运动发展更加科学化、规范化。

1. 成立专门的工作管理机构，争取国家排球管理中心支持，促进气排球运动科学、规范发展

2004年10月，中国老年人体育协会主办的全国首届老年人气排球比赛在浙江省丽水市举行。2007年，中国老年人体育协会老年气排球技术工作组正式成立，并明确了各成员的主要工作和职责，以加强对气排球运动科学化、规范化、适宜性、适用性和安全性的研究和指导。

2008年，在浙江召开了全民健身与奥运同行气排球文化研讨会。2009年10月，第一届全国老年人体育健身大会气排球项目交流活动在山东威海举行。2011年7月，由国家体育总局青少年司和教育部体育卫生与艺术教育司主办的阳光体育全国青少年体育俱乐部比赛在福建漳州举行，气排球项目被列为竞赛项目之一，气排球运动开始逐渐在青少年中推广开来。2012年，国家体育总局将气排球运动作为全面健身推广项目之一。

2014 年 3 月 10 日，中国老年人体育协会、中国排球协会联合下发了《关于 2014 年全国老年人气排球交流活动规程的通知》，把交流活动分三个阶段进行。第一阶段由各省、自治区、直辖市、计划单列市、新疆生产建设兵团及各行业老年人体育协会自行组织交流，规程自定，裁判员自派，经费自筹。第二阶段进行分区交流，全国分三个区进行。第三阶段进行总交流。同年，中国老年人体育协会气排球专项委员会主任等领导与中国排球管理中心主任就我国气排球运动的发展现状与未来改革进行了深入的座谈交流。

2. 各级各类赛事和交流活动频繁开展，形成丰富多彩的气排球文化

2004 年，中国老年人体育协会主办的全国首届老年人气排球比赛在浙江丽水举行，共有全国 23 个省市的 18 支女队、23 支男队参赛，其范围覆盖大半个中国。从此，该项比赛成为中国老年体育协会每年一届的赛事。之后相继举行的“夕阳春城杯”气排球比赛、“气排球理论文化研讨会”、“公路杯”气排球比赛、“南山杯”气排球比赛和“新旅杯”气排球比赛等也成为气排球每年一次的赛事和文化交流活动，各种赛事频繁地相继举办，极大地促进了气排球运动的传播和推广，使气排球运动逐渐走向国际视野。

3. 规则逐步完善，裁判队伍进一步壮大

2005 年，中国老年人体育协会制定并通过了《老年气排球竞赛规则》，并在全国比赛中试行，进一步规范了气排球各项赛事。2011 年由中国老年人体育协会主办的全国老年人气排球裁判员、教练员培训班(第二期)在江苏省常州市武进区举办。2014 年，中国排球协会在福建漳州举办了首次气排球项目裁判员培训班，培训围绕气排球竞赛规则学习、气排球运动裁判员工作方法与程序、气排球运动裁判员临场配合、气排球运动司线员工作方法、气排球运动记录员工作方法等方面展开，并请了多位气排球运动资深专家进行指导授课。

(四) 迅猛发展阶段

2015 年以来，气排球运动在全国各地迅速发展，在原有各级各类赛事不断的基础上，许多新的赛事不断涌现，各种活动精彩纷呈，国家排球运动管理中心也加大了对气排球发展的支持力度，并于当年牵头举办了全国“超级杯”气排球联赛，排球运动管理中心的加入使得国内气排球运动的发展更加专业、科学和规范，各地市行业协会开展气排球工作得到了各地排球协会的指导与支持。

随着国家体育总局对气排球这一项目的进一步认识和重视，学校气排球运动的发展开始受到重视。2015 年，全国"超级杯"气排球联赛在福建省开展，其参与对象广泛，分为老年组、中年组、青年组和大学生组四个组别。联赛的连续举办有利于气排球运动在各行各业的发展，尤其是大学生组别的设置，此举将大大改变气排球运动在高校开展不力的现状，掀起高校气排球运动发展的热潮。

2016 年 5 月，江苏徐州举办了小学生百队千人气排球大赛；7 月，由中国排球协会和中国中学生体育协会分会联合主办了北京凯文学校全国青少年气排球夏令营；11 月，中国大学生体育协会举办了第一届中国大学生气排球联赛，掀起了高校发展气排球运动的风潮。2017 年，气排球运动首次被纳入全国运动会群众性比赛项目。2018 年，首届中国气排球公开赛成功举办。同年，首届全国职工气排球比赛成功举办。

随着气排球运动的快速发展，受众越来越广泛，各行业团体体育协会逐渐受到重视，出台一部全国统一规范的气排球竞赛规则成为迫切需求。中国老年人体育协会、国家体育总局社会体育指导中心、中国排球协会组织各方专家，总结原有气排球发展经验，于 2013 年 11 月正式制定出版了我国第一部官方版的《气排球竞赛规则》。经过四年的实践，结合 2013 版《气排球竞赛规则》，2017 年修改并出版了由中国排球协会审定的《气排球竞赛规则(2017—2020 版)》。气排球运动真正成了全民运动，新一轮排坛旋风正在形成。

(五) 气排球运动的发展趋势分析

1. 政府支持力度大，易于推广

原国际奥委会主席萨马兰奇曾说过："气排球是个很好的运动项目，不仅适合老年人，也适合中年和青少年参与，气排球运动是对竞技体育以外的群众体育项目一个很好的补充和创新。"在全民健身大潮的推动下，全国范围内都开始重视和推广气排球运动，无论是政府的资金支持，还是国家体育总局在体制、赛制、规则等方面的逐步规范化，这些都推动了气排球运动国际化和竞技化的步伐。

2. 群众基础好，易于推广

早期的气排球运动曾在社区和中小学风靡过一段时间，但因为没有得到广泛的大力推广，因此没能成为大众化和比赛型的项目。但是排球文化和排球运动在国内的校园体育活动中仍然具有较为广泛的文化基础。气排球一经问世，其良好的群众

基础是大家有目共睹的，其娱乐性、休闲性、简易性、节奏慢、轻巧性、易学性等特点广泛吸引着体育爱好者的关注和参与。虽然气排球比赛也有相应的规则，但还是以参与和娱乐为主，并不以竞技成绩为主，因此输赢不是比赛的最终目的。

3. 推广成本低，易于推广

气排球运动的技术容易掌握，场地器材的配置容易实现，赛制规则较为灵活宽松，对参与群体的要求也比其他项目门槛低，因此所涵盖的人群范围比较广，组织比赛和参与比赛的经济成本相对不高，广大气排球运动爱好者都有能力接受。

4. 气排球运动的发展趋势

宣传舆论的导向极其重要，气排球在萌芽发展阶段，参与人群以中老年为主，经过不断成熟与创新，现在已经被社会各阶层、学校所接纳。球体高科技材质的引入极大促进了气排球运动的推广，丰富了气排球运动的娱乐性和健身性。气排球竞赛规则和比赛方法的逐步完善规范化，为其走向高级别竞技赛场奠定了基础，极大地提升了比赛质量和观赏性，极大地丰富了我国体育文化的内涵，为更好地满足人们日益增长的全民健身需要和竞技条件的改善等提供了重要保障，也极大地促进了全面健身运动的发展与壮大。

(1) 竞技气排球运动的发展趋势。随着各级各类气排球比赛的成功举办，比赛的规模、参赛人数、教练员、裁判员、技战术等都上升到一个全新的高度。虽然气排球目前主要还是在国内比较盛行，还没能进入世界级比赛的竞技赛场，但是已经在全国范围内定期开展了不少赛事，如青少年气排球夏令营，大学生气排球联赛，中年、青年全国气排球公开赛，小学生气排球联赛等。这也是继我国排坛名将郎平之后，新一轮的排坛旋风正在形成，并逐渐迈向世界体坛。在竞技比赛中，气排球的“捧、捞、托”等一传击球技术在不断创新，判罚规则也在逐步完善，随着比赛竞技技术和专业化队伍的不断完善，对一传的犯规界定也在不断创新。

(2) 群众气排球运动的发展趋势。目前，中国中老年群体已经成为气排球运动发展的重要组成部分和主力军，正是因为休闲的气排球运动的文化理念和技术特征吻合了老年人这一大众群体的身体和心理特征发展的内在需要，也符合我国全民健身事业发展的客观需要。当今，世界范围内参与气排球运动的人数接近2亿人，仅次于足球、篮球运动。气排球的运动强度、运动负荷相比其他球类项目较低，且运动损伤的概率远低于其他球类项目，因此更容易被中老年人和学生群体所接受。国内50岁以上中老年人数占了全国总人口数的30%左右，而中老年群体里参与气排球运动的人数比例又占了30%以上，相当于全国有接近10%的人在参与气排球运动，这个数据表明中老年人是参与气排球运动的一个相当庞大的群体。

(3) 学校气排球运动的发展趋势。学校推广和普及气排球运动，是丰富体育课程的必然需求，而从学生群体开始培养气排球运动人才，更是今后气排球运动质量和数量提升的重要物质基础。2003年6月，教育部印发《全国普通高等学校体育教育本科专业课程方案》，把气排球运动列入体育本科专业体育锻炼手段与方法方向的任意选修课技术学科内容。从此，气排球运动课程的理论研究、课程时间、科研层次都在学校教育阶段提高到了一个新的深度与广度。目前，我国气排球在高校的发展，可以借鉴广西高校气排球发展经验，以其作为主要参考。广西区域内有着较高水平的赛事运营。广西民族大学气排球运动专项课堂一传技术教学中，实验对比效果非常明显。这也促进了广西气排球运动的成功经验在全国处于领先地位。

(4) 气排球运动的市场化发展趋势。从总体上来分析，气排球的受众群体和发展前景非常广阔，已经奠定了良好的文化氛围和社会基础。但是其还没有建立完善的市场管理与发展体系，仅仅依靠各级体育职能部门、社会团体、参与者自主自发地去发展气排球运动的市场是不够的，需要一个完善的体系来规范、约束和鼓励气排球运动市场的可持续健康发展。同时，还应不断完善配套气排球运动训练和赛事的体育场地设施；加大资金投入，建立完善的服务体系，完善管理与鼓励制度；培养和打造一支强有力的气排球运动指导人才队伍，提高气排球运动教练和裁判水平。

第三节　气排球运动的特点与功能

一、气排球运动的特点

(一) 简单易学

气排球重量轻、体积大、球体柔软、反弹力大，球的飞行速度慢、易控制。基本动作和规则相对室内排球容易掌握，它较少有性别、年龄、体质和技术水平的限制，即使没有室内排球基础的人同样可以参加活动，享受比赛带来的乐趣。

（二）具有较高的健身价值

气排球比赛时长一般为30～40分钟，运动量适宜。因此，此项运动适合各个年龄层次的人。在活动时，由于气排球在运行中始终处于飘浮不定的状态，所以每次击球都必须经过仔细的分析后才能正确处理，能充分调动全身器官参与活动，运动后食欲好，睡眠稳，精力充沛。有些气排球运动参与者原有的诸如关节炎、风湿、颈椎骨质增生、神经衰弱、手指发麻、血糖高、血压不稳等疾病和症状已基本消失。

（三）观赏性和趣味性强

气排球运动对于参与者的技战术水平要求不高，即便是从未从事过该活动的人，也很容易加入气排球的竞技性比赛中，气排球比赛和室内排球比赛一样隔网进行，双方身体接触少，不易受伤，比较适合于人们娱乐和休闲。同时，气排球弹性较好，重量轻，飞行速度较慢，不易落地，这些特点能使比赛中的来回球增多，对抗性加强。并且，在气排球比赛中常常出现在室内排球比赛中不易出现的击球花样和变化，令人耳目一新，有些球的变化甚至会让观众开怀大笑。特别是气排球运动的竞技性成分较少，这样可以让参与者和观众带着比较放松的心情对待比赛，在这种较好的心理状态下，比赛的精彩场面更容易出现，这能让大家更深切地感受到运动的乐趣。

（四）技术的全面性和独特性

在气排球比赛中，任何位置的运动员都要参与防守和进攻，场上4～5名队员处于全攻全守状态，随着在场上位置的轮转，每名队员都必须掌握各项气排球运动技术。气排球由于重量轻、圆周大、比赛场区小、球网低等特性，使得气排球运动能创造出与室内排球不同的特色技术。气排球规则规定所有运动员必须在离中线2米外才能进行下压的进攻性击球，所以气排球比赛中比较有威胁性的击球大多是远网扣球，完成起来有较大的难度。在水平较高的比赛中几乎是每球必扣，每球必拦，攻防转换快，来回球多，技术含量较高。在比赛中，甚至有些已有室内排球基础的人因为受原有技术概念的影响，在短时期内还不如没有排球基础的人容易适应气排球运动的动作要领和规则，尤其表现为对气排球运动防守动作技术与比赛规则的不适应。气排球比赛要求参与者心态平稳，技术全面，充分发挥整体的优势，采用合理的技战术，扬长避短，才能使比赛精彩，获得胜利。

（五）亲和性好

气排球球体柔和、弹性好、球网低、比赛场地较小、运动量适中，这使得参与者没有手指挫伤、手臂疼痛、体力不支等顾忌。各年龄层次的人群均适合参与该运动，在参与者的年龄上没有明显的限制，老少皆宜。通过参与气排球运动，可以加强不同年龄段人群的沟通和交流。气排球是继软式排球后又一项具有亲和性的室内排球的衍生项目。

二、气排球运动的功能

（一）娱乐休闲，强身健体

气排球运动竞技性与娱乐性并存，既可以进行休闲活动，又可以组织竞技比赛，人人都能参与。经常参加气排球运动，能改善人体中枢神经系统和内脏器官的功能状况，提高身体素质和运动能力，增进健康，强健体魄。

（二）锻炼提高心理品质

经常参加气排球运动，能够学到很多控制自己情绪和调节自身心理的手段方法，如连续失误时不急躁，使自己尽快冷静下来而且不灰心；比分落后时不气馁，沉着应对，奋起直追；关键比分时不手软，增强攻防自信心等，这些都能促进形成良好的心理品质。

（三）提高判断应变能力

在气排球比赛中，具有预见性的、准确的判断已成为制胜的重要因素之一。场上形势往往瞬息万变，判断依靠的是眼观六路、耳听八方，需要通过观察对方和同伴的动作、击球的声音、场上的布局等，预测将要发生的事情并迅速做出决策。因此，运动员在比赛中必须不断观察并准确理解同伴的意图，才能合作默契，这对提高人的判断应变能力具有很好的促进作用。

（四）培养团队协作意识

气排球比赛是一项集体项目，能充分体现出团队协作意识的重要性。从接发球开始，就要尽可能一传到位，给二传组织进攻创造最佳条件。二传则要努力避开对方拦网，将球传到便于进攻队员进攻的位置。而进行最后一击的队员，则要全力以赴，争取得分，因为只有得分才是对一传、二传同伴配合的最好回报。因此，气排球比赛中的每一次击球，都包含着为他人着想的理念和团队协作意识。

第二章　气排球技术

本章主要阐述了气排球技术的概念与分类，分析了准备动作与移动、发球、接球、传球、扣球、拦网等基本技术的理论、动作方法、练习方法及注意事项，并对关键技术环节和影响击球效果的技术环节进行了简要的分析，以帮助大家更好地掌握气排球技术动作。

第一节　气排球技术理论

气排球技术的概念与分类

(一) 气排球技术的概念

气排球技术是指在气排球比赛规则允许的条件下，运动员采用各种合理而有效的击球动作以及为完成击球动作所必不可少的其他配合动作的总称。

简单来说，在气排球比赛过程中符合比赛规则要求的技术动作都属于气排球运动技术。

(二) 气排球技术的分类

根据气排球运动技术在实施过程中是否有球的参与，可以将气排球技术分为无球技术和有球技术（图 2－1）。

1. 气排球无球技术

气排球的无球技术是指各种没有直接接触球的动作，如准备姿势、移动、助跑、起跳、倒地等配合动作。气排球的无球技术是最容易被人们忽略的技术，它是完成击球动作的基础和前提，直接影响着击球动作的质量。

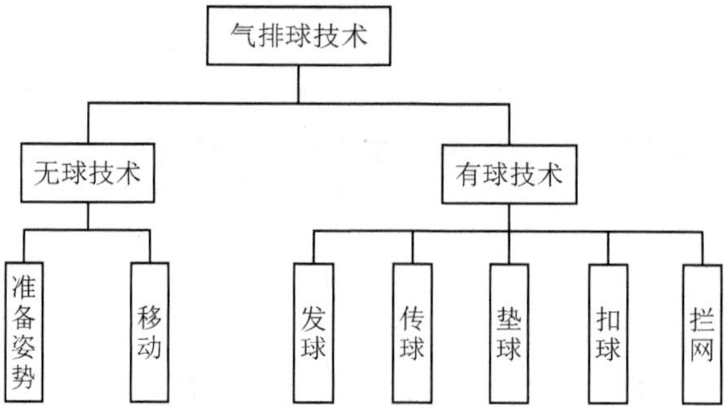

图 2-1　气排球技术分类

2. 气排球有球技术

气排球的有球技术是指各种直接接触球的动作，如发球、垫球、传球、扣球、拦网这五项基本的击球动作。

第二节　准备姿势与移动

一、准备姿势

准备姿势是气排球技术的基础，它能够使运动员更迅速地起动、及时起跳并有利于运动员完成各种技术动作。准备姿势根据身体重心的高低分为半蹲准备姿势、稍蹲准备姿势、低蹲准备姿势三种。

(一) 半蹲准备姿势

半蹲准备姿势是气排球比赛中较为常用的准备姿势，主要用于接发球，同时为短距离移动接球和防守较低来球时做准备。

技术动作：两脚左右开立，略比肩宽，脚跟稍微提起，微微屈膝，上体前倾，重心向前，两臂屈肘自然放松，两手置于腹部前方，含胸收腹，两眼密切注视来球(图 2-2)。

(二) 稍蹲准备姿势

稍蹲准备姿势的身体重心要比半蹲准备姿势的身体重心稍高。重心较高便于运动员在比赛和训练过程中更灵活、更迅速地进行移动。

技术动作：方法与半蹲准备姿势相同，只是重心稍高(图 2－3)。

图 2－2 半蹲准备姿势

图 2－3 稍蹲准备姿势

(三) 低蹲准备姿势

低蹲准备姿势的身体重心要比半蹲准备姿势的身体重心更低、更靠前，两脚前后、左右的距离更宽些。重心较低主要用于运动员后排防守和跟进保护前排队员扣球。

技术动作：两脚左右、前后距离较大，膝关节弯曲程度较大，上身前倾，肩部投影过膝，双手置于胸、腹之间(图 2－4)。

图 2－4 低蹲准备姿势

二、移 动

在气排球比赛和训练过程中，合理的移动是为了主动且及时地接近球，使人和球保持适当的位置，以便更好地完成击球动作。能否及时移动到位将直接影响技战术的质量。移动由起动、移动步法和制动三个环节组成。

(一)起　动

起动是移动的开始,良好的起动可以为运动者提供恰当的初速度与移动角度,有利于运动者争取到宝贵的时间。在气排球比赛中良好的起动可以帮助运动员在赛场上占据有利的位置,为完成各种气排球的击球动作做好准备。

(二)移动步法

人体从起动到制动的过程称为移动。在移动的过程中,为了达到迅速接近球、保持人和球处在合理位置的目的,采用的移动步法有许多种。在气排球运动中常用的移动步法有:并步与滑步、跨步与跨跳步、交叉步、后撤步、跑步等。

1. 并步与滑步

并步与滑步是比较类似的技术动作。并步是指短距离脚步的并列移动,滑步是指连续的并步移动。并步主要用于近距离的垫球和传球,滑步主要用于较远距离的垫球和传球。

技术动作:移动方向上的脚先跨出一步,另一只脚迅速、有力地蹬地,并跟上形成准备姿势。例如,向右侧并步时,右脚先向右侧跨出一步,左脚迅速跟上,落在右脚的左侧,并快速形成准备姿势进行接下来的技术动作。连续使用并步,即滑步移动(图 2－5)。

图 2－5　并　步

2. 跨步与跨跳步

跨步与跨跳步是比较相似的技术动作。跨步是指向来球方向跨出一大步的移动方法(图 2－6),跨跳步是在跨步的基础上伴有跳跃的动作。跨步主要用于接体侧、体前较低且速度较快的来球。

技术动作：利用后腿蹬地的力量，向来球方向跨出一大步，前腿膝盖弯曲，上体前倾，身体重心前移到前腿，后腿仍落在原地。跨跳步的基础是在跨步的基础上伴随跳跃腾空的阶段。

图 2－6　跨　步

3. 交叉步

交叉步是利用腿部交叉的方法进行移动的技术动作。当来球较远，距离体侧3米左右时可采用交叉步。

技术动作：上体稍转向来球方向，远侧脚从近侧脚前面滑过，交叉迈出一步。近侧脚向来球方向跨出一大步，同时身体转向来球方向，形成准备姿势。例如，向右侧移动时，上体稍向右转，左脚从右脚前交叉迈出一步，右脚再迅速向右跨步落在左脚的右边(图 2－7)。

图 2－7　交叉步

4. 后撤步

后撤步是前脚变后脚的一种技术动作，是主要用于接较高来球时的移动步法。

技术动作：向后撤步时，前脚脚尖用力蹬地，利用腰腹发力向后撤，前脚向后侧方回撤，成为后脚(图 2－8)。

图 2-8 后撤步

5. 跑 步

跑步是指跑动去接较远距离来球的技术动作。当来球与身体距离较远时，可采用跑步。

技术动作：面向来球，跑动时重心要稳定，不要过早做击球动作，跑动到位之后，控制身体平衡，形成准备姿势。

（三）制 动

制动是移动的结束，是指人体由运动到静止的过程。在运动员快速移动后，为了形成稳定的击球姿势，必须经过制动，克服移动给人体带来的惯性，以便于进行下一个击球动作。制动可分为一步制动法和两步制动法。

1. 一步制动法

技术动作：在移动将要结束时跨出最后一大步，降低重心，膝部和脚尖适当内转，全脚掌横向蹬地，用来抵抗身体重心继续向前移动的惯性。

2. 两步制动法

技术动作：以倒数第二步作为第一次制动，紧接着跨出最后一步作为第二次制动。腰腹力量尽量控制上体，双脚用力蹬地，以阻止身体继续向前移动。

三、准备姿势与移动的练习方法和常犯错误及纠正方法

（一）准备姿势的练习方法

（1）两人一组练习，一人做动作，另一人进行纠错。

（2）学生进行原地跑步，在跑步过程中看到老师的手势，立即做各种准备动作。

(3) 学生围绕气排球场地慢跑,看到老师的手势后立即做各种准备姿势。

(4) 听老师的口令,学生变换各种准备姿势。

(二) 移动的练习方法

(1) 学生呈半蹲姿势准备,随老师的手势向左右方向做并步移动。

(2) 学生呈半蹲姿势准备,随老师的手势向左右方向做滑步移动。

(3) 学生呈半蹲姿势准备,随老师的手势向左右方向做交叉步移动。

(4) 学生呈半蹲姿势准备,随老师的手势向前方做跨步移动。

(5) 学生呈半蹲姿势准备,随老师的手势向前后、左右方向做跑步移动。

(三) 处于准备姿势时常犯的错误及纠正方法

1. 两脚外八字,身体肌肉过度紧张,姿势死板

纠正方法:讲清楚技术动作要领,加强语言强化,帮助更改动作,多做徒手练习。

2. 上体前倾,两腿弯曲程度不够,形成弯腰不屈膝的动作

纠正方法:帮助理解正确的屈膝动作,并多进行低姿移动练习,也可进行力量练习,以锻炼学生的腿部力量。

(四) 移动时常犯的错误及纠正方法

1. 移动时起动慢,移动步法选择不当

纠正方法:讲清楚技术动作要领,进行移动前要将身体重心前移,并通过练习熟练地掌握各种移动步法,包括各个步法的组合运用。

2. 移动到位后,不能及时地制动

纠正方法:向学生讲清楚制动的重要性,先从慢速移动到制动开始练习,然后逐步加快速度进行制动,进行专门的制动练习。

四、在准备姿势与移动教学中应注意的事项

(一) 控制身体重心

移动时要注意控制身体重心的稳定性,起动制动要迅速,避免在击球时由于不能控制身体而影响击球质量。

(二) 善于观察

由于气排球运动自身的特点,要多利用视觉信号,观察来球速度和落点,可以结合气排球反复进行反应判断和起动制动练习。

(三) 增强趣味性

要强调准备姿势和移动在气排球运动中的重要性,同时也要通过采取对抗性和游戏性的练习来增加学生学习的趣味性。

(四) 提高判断能力

移动的节奏应该与球的飞行方向、速度、弧度相适应,要求判断要准确。过早或过晚地接近球都会影响击球的质量。

第三节　发　球

一、发　球

在气排球运动中,发球技术是最常用的技术之一。发球是比赛的开始,也是进攻的开始。发球技术的好坏直接影响着比赛的成绩,准确而又有进攻性的发球,不仅可以直接得分或者破坏对方的战术组合,还可以减轻本方的防守压力,为防反创造有利的条件。反之,如果发球威力不大或者失误较多,不但会直接失分或者失去对比赛的主动权,也更容易让对方轻松地组织进攻战术,加大本方的防守压力。因此,对于发球技术而言,既要强调进攻性和准确性,又要保证发球的稳定性。

(一) 正面上手发球

1. 正面上手发旋转球

正面上手发旋转球,是利用转体、收腹带动手臂加速挥击,同时利用手腕的推压动作,使发出的球向前旋转飞行的发球方法。这种球对发球人的腰腹力量要求较高,一般更适合男生学习。

技术动作:以右手发球为例,面对球网站立,两脚开立,左脚在前,左手持球于体前，左手将球抛于右肩前上方，同时右臂屈肘后引。肘与肩平行，手掌自然张开，上体稍向右转，利用蹬地、转体、收胸、收腹等动作带动手臂挥动，最后在右肩的前上方击球，要求要以全手掌击球的中下部，并主动做出推压的动作（图 2－9）。

图 2－9　正面上手发旋转球

2. 正面上手发飘球

正面上手发飘球，这种球并不发生旋转，但球是不规则地向前飘晃飞行，使接球队员难以判断球的飞行路线和落点。正面上手发飘球成功率高，攻击性强，在比赛中被普遍采用。

技术动作：以右手发球为例，面对球网站立，左手持球平稳地将球抛在体前右肩前上方，球不发生旋转，右臂屈肘后引，当球达到合适高度时，手臂自后向前呈直线挥动，以掌根坚硬平面击打球的中下部，使作用力通过球体重心，使球不旋转地向前飞行（图 2－10）。

图 2－10　正面上手发飘球

（二）正面下手发球

正面下手发球，是手臂由后下方向前上方摆动，在腹部前击球的一种发球方法。

正面下手发球时面对球网站立，便于观察对方站位，动作简单，便于掌握。

技术动作：以右发球为例，两脚前后开立，膝盖微屈，上体前倾，重心放在前脚上，右手垂直地面向后引，重心移至后脚，左手平稳地将球抛至腹前一臂的距离，同时右手迅速向前摆动，用全掌、掌根或虎口击打球的中下部，将球击出(图 2-11)。

图 2-11　正面下手发球

(三) 侧面下手发球

侧面下手发球，可以利用转体力量带动手臂击球，费力小，适用于初学者，也适合女生。

技术动作：以右手发球为例，左肩对准球网，双脚左右开立，两膝盖微屈，上体前倾，左手将球平稳地抛至胸前，右脚蹬地使上体向左转动，带动右臂向体前上方摆动，在腹前用全掌击球的中下部(图 2-12)。

图 2-12　侧面下手发球

（四）勾手发球

1. 勾手大力发球

勾手大力发球，是采用勾手的方式，利用全身的力量，爆发式发力将球击出的气排球发球技术，这种发球具有力量大、旋转性强、速度快的特点。

技术特点：以右手发球为例，左肩对网，两脚自然开立，左手胸前持球，将球从左肩前上抛球，上体右倾，膝盖微屈，重心移至右脚，利用右脚蹬地和转体的动作，顺势将右臂伸直挥动，以全手掌击球的中下部，五指包满球，形成推压的动作（图 2－13）。

图 2－13　勾手大力发球

2. 勾手发飘球

勾手发飘球，同样是通过采用勾手的方式，利用全身的力量去击打球的重心，使球的飞行左右飘晃。

技术特点：以右手发球为例，左肩对网，两脚自然开立，左手胸前持球，将球从左肩前上抛球，上体右倾，右脚蹬地，上体左转，手臂伸直，在右肩的上方击球，用掌根击球的中下部，手臂挥动有明显的突停动作，使力量通过球的重心。

（五）跳发球

跳发球是在发球的过程中增加了助跑起跳的动作，从上而下给球一个击球的力量，击球点较高，使球能够从空中直接进入对方场区，大大提高了球的进攻性。

技术动作：以右手发球为例，单手或双手持球，将球抛至右肩前上方使其旋转，注意抛球的准确性，过高、过低、过远、过近都会影响跳发球的质量，抛球后助跑起跳，在空中挺胸展腹，上体形成反弓形，当球与身体到达合适位置时，收腹甩臂，在最高点击球的中下部，全手掌包满球，手腕有推压的动作，最后双脚落地时注意缓冲(图 2－14)。

图 2－14　跳发球

二、发球技术的练习方法和常犯错误及纠正方法

(一) 发球技术的练习方法

(1) 徒手挥臂练习，体会鞭打动作。

(2) 抛球练习。老师提出明确的抛球要求，学生一人平稳地将球向上抛出并落回抛球手。

(3) 发固定球练习。两人一组，一人拿球，一人用发球动作击打固定球。

(4) 对墙发球练习。两人一组，近距离对墙发球，一人发球，一人纠正动作。

(5) 学生隔网 7 米左右，向对方场地发球。

(6) 站在发球区内向对方场地内发球。

(7) 端线连续发球 5 次。

(8) 发固定落点的球。

(二) 发球技术练习中常犯的错误及纠正方法

1. 发飘球时，抛球旋转不稳且抛球高度不固定

纠正方法：学生站在篮球框底下，要求平稳地向上抛球，练习抛球的平稳性和抛球高度。

2. 发飘球时，挥臂动作不正确，手臂不能直线挥臂

纠正方法：做徒手快速挥臂练习，要强化向水平方向挥臂练习，也可以在适合的高度击打固定球，强化直线挥臂练习。

3. 勾手大力发球时,挥臂动作不协调,挥臂弧线不在地面的垂直线上,用不上转体的力量

纠正方法：首先,做徒手勾手发球的练习;其次,做勾手击打固定高度的气排球,强调要用上转体的力量;最后,可用勾手发球动作掷实心球来强化发球动作。

4. 大力发球时,手掌未包满球

纠正方法：对墙反复进行原地挥臂扣球练习,体会一下手掌包满球的感觉。

5. 跳发球时,抛球和击球动作配合不好,发球质量不佳

纠正方法：首先,固定好一定的助跑距离进行助跑起跳练习;其次,要练习抛固定高度和固定飞行距离的球;最后,将两个动作结合起来,练习完整的跳发球。

三、在发球技术教学中应注意的事项

(一) 抛球和击球是重点

在发球的教学中,要抓住技术的关键。抛球是前提,击球是关键。学生在学习发球技术时不能只注重击球而不注重抛球,要想发出高质量的球,必须重视发球的各个技术环节。

(二) 不同性质的球,击球手法不同

发球的技术动作有多种,教学过程基本相同,但击球手法不一。每一种发球都要尽可能地抓准挥臂和击球手法。

(三) 学习发球要循序渐进

初学者练习发球时,首先要注意发球动作的准确、连贯、协调,要求手法正确并且击球正确。随着技术的提高,可逐步增加发球的力量和速度,提高发球的进攻性。

(四) 训练态度要认真

发球水平的高低会直接影响比赛的节奏。在平时训练时,应该以比赛的标准严格要求自己,这样才能使发球技术日趋巩固和熟练。平日不重视发球,在比赛时也不会发出高质量的球。

第四节　传　球

一、传　球

传球技术在气排球运动中是最基本的技术方法之一，是攻防的重要衔接技术。由于气排球的材质特点，击球时手与球的接触面积较大，所以传球技术的特点是准确、柔和、善于变化，传球技术是组织进攻的重要技术。

传球的基本动作可以分为正面传球、背面传球、侧面传球，使用这些传球方法时可以站在原地传球，也可以在移动中传球，甚至还可以在跳起时传球和倒地时传球。

(一) 正面双手传球

技术动作：采用稍蹲准备姿势，双手自然放于胸前，根据来球位置随时移动，当球到达额头前上方时，两手自然张开形成半球型吻合球，手腕稍后仰，拇指相对形成“一字”或“八字”，拇指指向自己的额头，两肘自然分开。通过蹬地、伸膝、伸臂和手指、手腕协调用力将球传出(图 2 - 15)。

图 2 - 15　正面双手传球

(二) 侧面双手传球

技术动作：身体侧对所要传球的对象，手型与正面双手传球一样，传球方向一侧的手臂要稍低，蹬地后上体要向出球方向一侧稍倾斜，击球点要稍偏向出球方向一侧，传球时双臂要向传出一侧用力伸展，两手要用力均匀，使球向侧方平稳飞行(图 2－16)。

图 2－16　侧面双手传球

(三) 背传球

技术动作：背传球时，上体要比正面双手传球时稍直立，双手自然抬起置于头上方，手腕要比正面双手传球更加后仰，利用蹬地、上体后仰、挺胸、展腹、手指、手腕反弹用力，托住球的后下部，将球向身体后方传出(图 2－17)。

图 2－17　背传球

(四) 单手传球

单手传球动作是气排球运动员二传队员经常使用的一项技术动作，多用于应对一传较高并且冲网的一些来球、二传队员无法使用双手传球时。

技术动作：单手传球时，侧身背向球网起跳，靠近球网一侧的手臂屈肘上举，五指分开成半球状，掌心向上，手腕后仰，利用手腕和手指的力量将球平稳传出（图 2－18）。

图 2－18　单手传球

（五）跳传球

技术动作：观察来球，迅速移动，注意起跳的时机，起跳后在身体的最高点击球，利用伸臂动作和手腕、手指的反弹力将球传出。当传近距离球时，可在额头上方传球；当传远距离球时，需要降低击球点，以增加手臂的伸展幅度（图 2－19）。

图 2－19　跳传球

二、传球技术的练习方法和常犯错误及纠正方法

(一) 传球技术的练习方法

(1) 徒手模仿传球动作练习。

(2) 单人持球练习。两人一组,一人持球做出传球动作;另一人将球拿走,观察其传球的手型是否正确。

(3) 传固定球练习。学生原地持球,用传球动作向上传出球,体会触球部位和全身协调用力。

(4) 对墙近距离传球。距墙 20～50 厘米处连续传球。

(5) 自抛传球。两人一组,一人将球抛起并将球传给同伴,体会传球的动作。

(6) 传抛球。两人一组,一人抛球,一人传球。

(7) 移动后传抛球。两人一组,一人抛球,另一人移动到位后把球传给同伴。

(8) 两人连续对传球。两人一组,连续相互传球。

(9) 隔网对传球。两人一组,在球网的一侧进行对传。

(10) 传垫起的球。一人将球垫给二传,二传移动到位后将球传到指定位置。

(二) 传球技术练习中常犯的错误及纠正方法

1. 取位不及时,击球点不正确

纠正方法:学生移动到位后,在正确的击球点用手接球,体会正确的人球关系。

2. 传球手型不正确

纠正方法:用传球手型接球,并检查传球的手型是否正确,之后可近距离对墙连续传球,检查手型并体会手指传球。

3. 传球动作用力不正确、不协调

纠正方法:自抛自传远距离球,强调腿部蹬伸和手臂伸臂的力量,传球后身体重心移向前脚。

三、在传球技术教学中应注意的事项

(一) 采用多种练习方式,提高学生的学习兴趣

传球技术动作要求比较细致,而且一般要求传出的球具有一定的稳定性。在平时的传球技术教学中应采用多种多样的训练方式,以提高学生的练习兴趣和学生适应球的能力。

(二) 及时纠正错误

学生在学习传球技术的初始阶段,容易产生错误动作,教师应该针对具有普遍性、易犯的错误动作进行简要的分析,让学生对正确和错误的动作进行区分。

(三) 重培养,多练习

老师应该在教学中及时发现传球比较好的学生,提前进行培养,为后边的扣球和打比赛做准备。对传球技术也应该经常进行练习,如果一段时间不练习,会导致手感降低。

第五节　垫　球

一、垫　球

垫球是气排球运动的基本技术之一,也是初学者必须掌握的基本技术之一。有效的垫球能够保证组织进攻的顺利实施,同样也用于接扣球进攻,能够有效地改变比赛节奏,变被动为主动。垫球动作大部分是用前臂击球,动作多样,是比赛中运用最多的技术。

(一) 正面双手垫球

正面双手垫球是气排球运动中最基本、最常用的垫球方法,也是其他垫球技术的重要基础。

技术动作:在使用正面双手垫球前,要看准来球,迅速移动到位,根据自我习惯

采用的抱拳式、叠掌式、互靠式手型(图 2－20)，做好准备。用手臂的腕关节上 10 厘米左右处的平面触球，球来时，主动迎球，双手插到球下，两臂前伸压腕，含胸收腹，双脚蹬地，重心跟随，击球点保持在腹前，利用全身协调的动作迎击来球(图 2－21)。

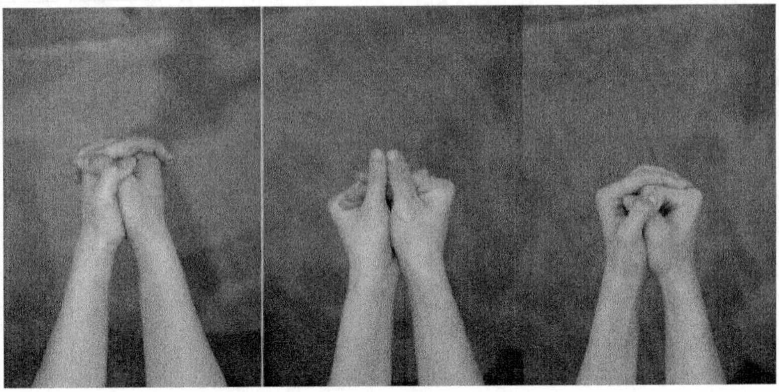

图 2－20　双手垫球手型

图 2－21　正面双手垫球

(二) 侧面双手垫球

当球来到身体两侧，球速较快，运动员无法移动到合适位置使用正面双手垫球时，可以采用侧面双手垫球。

技术动作：以左侧垫球为例，当球从身体左侧迅速接近身体时，快速移动将重心移至左脚，微屈左膝，双手向来球一侧伸出，且同侧肩要高于另侧肩。利用转腰收腹的动作，击球的中下部，将球击出(图 2－22)。

图 2－22　侧垫球

(三) 背垫球

背垫球主要用于接队友接飞的球或第三次将球击到对方场地。

技术动作：迅速移动到球下，背对击球方向，两臂夹紧伸直，插到球下，击球点保持在比肩高的位置，击球时蹬地、抬头、挺胸、展腹、后仰，向后上方垫球(图 2－23)。

图 2－23　背垫球

(四) 挡　球

挡球主要在防守高于肩部以上，来球速度较快，不便做传球或者垫球动作时采用。运用挡球可以扩大防守范围，对垫球做有效的补充。在气排球运动中，挡球可以分为双手挡球和单手挡球，双手挡球主要用于挡肩部以上来速较快的球；单手挡球主要用于挡头部以上力量较轻的球。

1. 双手挡球

技术动作：看准来球，手型主要用抱拳式或并掌式，手臂屈肘上举，手腕后仰用手掌外侧和掌根形成的平面去击球的后下方(图 2－24、图 2－25)。

图 2－24　抱拳式双手挡球

图 2－25　并掌式双手挡球

2. 单手挡球

技术动作：看准来球，利用掌根平面或掌心平面击球，挡球时，手腕要保持适当的紧张，击球的后下部。

(五) 挡垫球

1. 双手挡垫

技术动作：看准来球，上臂屈肘上举，采用抱拳式(利用掌外侧和掌根组成的平面挡击球)或并掌式(利用手掌和掌根组成的平面挡击球),胳膊肘朝前,手腕后仰,挡击球的后下部。

2. 单手挡垫

技术动作:单手挡垫时一般有两种手型可用于击球,一种是手指自然弯曲,用掌根的平面击球;另一种是虚握拳,用拳心的平面击球。击球时,用来击球的平面朝上,击球的后下部。

3. 顶　垫

技术动作:看准来球,积极移动到合适的位置,膝盖微屈,身体后仰,利用蹬地、收腹的动作,全身协调用力,用前额迎击球的后下部。触球时颈部要保持适当的紧张。

4. 脚　垫

脚垫是当来球速度快、力量大,来不及用手或头垫球时,用脚迅速做出的补救动作。脚垫一般有两种垫球方式,一是用正脚背垫球,二是用脚弓内侧垫球。

(1) 正脚背垫球

技术动作:一脚为人体的支撑点,另一脚迅速伸向球底,伸大腿摆小腿,脚背插入球下,脚尖上挑,击球的后下部。

(2) 脚弓内侧垫球

技术动作:动作与脚背垫球相似。垫球时,脚尖上翘,脚踝放松,用脚弓内侧击球后下部。

(六) 捧　球

捧球是气排球运动特有的技术之一,该技术动作具有简单实用、易于学习的特点。捧球可分为双手捧球和单手捧球两种。双手捧球适用于接发球或其他来球,单手捧球适用于接与身体距离较远或较低的来球。

1. 双手捧球

技术动作:稍蹲姿势或半蹲姿势准备,身体重心稍靠前,两臂自然放松弯曲。看准来球,双手张开,五指分开,掌心向上,当球接近自己到合适位置时,用双手的全掌击球的后下部(图 2-26)。

2. 单手捧球

技术动作:稍蹲姿势或半蹲姿势准备,身体重心稍靠前,两臂自然放松弯曲。看

图 2－26　双手捧球

准来球，积极移动，一手张开，手心向上，迅速插入球下，用全手掌击球的后下部。

（七）插　托

在气排球运动中，插托技术的应用具有接触球面积大、便于缓冲的特点，常应用于垫球和接发球的技术中。

技术动作：插托前，看准来球，迅速移动到合适的位置，屈膝弯腰，稍蹲姿势或者半蹲姿势准备，屈肘，两手自然张开一上一下对准来球，两手掌根靠拢，五指张开，在下方的手斜向下铲插，在上方的手向前上托送，双手协调配合用力。

二、垫球技术的练习方法和常犯错误及纠正方法

（一）垫球技术的练习方法

（1）徒手模仿垫球练习。

（2）主动垫固定球练习。两人一组，一人原地用垫球动作做准备，一人双手持球下落，接触垫球人的手臂，使其体会垫球动作。

（3）一抛一垫。两人一组，一人抛球，一人垫球。

（4）移动垫抛球。两人一组，一人将球抛到垫球人身体的前后左右处，垫球者移动将球垫出。

（5）两人连续对垫球。两人连续垫球，注意脚步移动。

（6）三人三角垫球。三人一组形成一个等边三角形，用一个气排球进行垫球。先用顺时针方向垫球，后用逆时针方向垫球，最后不统一垫球方向，由学生自行决定垫球垫给谁。

(7) 打防练习。两人一组，一人负责原地扣球，另一人负责接扣球，一定次数后两人交换练习。

(8) 不隔网接发球。两人一组，一人站在网前发近距离球，另一人站在端线接发球，接发球后将球再垫给发球人，练习一定次数之后两人交换练习。

(二) 垫球技术练习中常犯的错误及纠正方法

1. 两臂形成的击球面不平

纠正方法：老师讲清技术动作，帮助学生建立正确的动作概念。强调两臂夹紧，手腕下压，要求能够明显地露出击球面。

2. 击球时手臂屈肘

纠正方法：强调技术动作，手腕下压，直臂上抬，重复徒手模仿垫球练习。

3. 击球动作不正确、不协调

纠正方法：反复强调膝关节屈伸用力的重要性，老师给予正确的动作示范，远距离对墙垫高球，体会蹬送动作。

4. 移动不及时，对不正来球

纠正方法：要掌握“先动脚后动手”的规律，充分掌握各种移动步法。当来球时，脚后跟微微抬起，身体重心向前，迅速判断来球位置，积极移动。

三、在垫球技术教学中应注意的事项

(一) 判断好，先移动，后接球

由于自身的特点，气排球来球速度会较快，要想准确地接稳来球，首先需要进行准确的判断，判断球的落点，通过采用合适的移动步法，迅速移动到指定位置，准备接球。

(二) 形成正确的垫球动作

气排球基本的垫球技术种类较多，每种技术的动作要求各有区别。学生在学习时只有深刻理解每一种技术动作并能熟练掌握，才能针对不同性质的来球采用不同的垫球动作，平稳地将球送出。

第六节　扣　球

一、扣　球

扣球是气排球运动的基本技术之一，是气排球运动中最主要的得分技术，也是最有效的进攻手段之一。扣球技术使运动员居高临下，进攻点离对方场地最近，可以利用个人战术或者集体战术来突破对方的拦网，为己方创造有利的竞争条件。扣球是比赛中矛盾的主要方面，是决定胜负的关键技术。成功的扣球可以保持主动权；失误的扣球会导致失去主动权，甚至是直接失分。

(一) 正面扣球

正面扣球有利于运动员观察场上的情况，具有较高的准确性，而且进攻效果比较不错，是最常用的扣球技术方法。正面扣球一般分为双脚起跳扣球和单脚起跳扣球。

1. 双脚起跳扣球

技术动作：以右手扣球为例，看准来球，准确判断好球的落点，左脚自然迈出第一步，紧接着右脚跨出一大步，同时两臂从体侧摆至体后，左脚顺势落在右脚的前方，脚尖稍微内扣，做好制动，膝盖微屈。蹬地时，两臂顺势从体侧向上摆动，挺胸展腹，上体稍向右转，右臂向后上方屈肘抬起，右手自然张开放于右耳边，身体形成反弓状。挥臂时，腰腹发力，迅速转体依次带动肩、肘、腕各关节形成鞭打动作。击球时，手掌自然张开成勺型，以全手掌包满球，击打球的中下部，伴随有推压的动作，将球击过球网。击球动作完成后，两脚同时着地，同时屈膝缓冲，并准备下一个动作(图 2－27)。

2. 单脚起跳扣球

技术动作：以右手扣球为例，看准来球，准确判断好球的落点，右脚迈出一步，左脚紧接着迈出一大步，同时双臂后摆，左腿屈膝蹬地，双臂顺势向前上方摆动，右腿也随之屈膝上摆，起跳后的扣球动作与正面扣球动作基本相同，但是在空中要注意保持好身体平衡，落地也尽量以双脚落地为主(见图 2－28)。

图 2-27　双脚起跳扣球

图 2-28　单脚起跳扣球

(二) 扣快球

在气排球运动中,快球是一种二传队员与攻手配合得分所经常采用的一种技术动作,快球的特点是速度快,突然性大,牵制能力较强,可突袭对方。快球一般分为近体快球和低平球。快球一般都是采用近网扣球的手法。

1. 近体快球

(1) 前快球。随一传开始助跑,二传球出手后开始起跳,在二传身前 50 厘米处迅速起跳,但要注意制动,防止冲网,当人球位置合适后,利用腰腹力量主要带动小臂和手腕击打球的中上部,击球后落地缓冲。

(2) 背快球。随一传开始助跑,二传球出手后开始起跳,在二传身后 50 厘米处迅速起跳,扣球动作与前快球基本相同。

2. 低平球

(1) 短平快球。随一传球开始助跑,二传出手时起跳,在离二传身前两米左右扣球,起跳后身体稍向右转,面对二传,截住二传的传球,快速挥臂击球。

(2) 背平快球。在二传身后两米左右扣球,将球仍然控制在右肩前上方,扣球时机同短平快扣球。

(3) 平拉开球。在 4 号位扣低平球,二传出手后开始助跑上步,迅速起跳扣球。

(三) 转体扣球

转体扣球，具体是通过改变上体原有的扣球方向而改变扣球路线的扣球，其技术动作与正面扣球基本类似。

技术动作：以向左转体扣球为例，判断球的落点，积极移动，击球时使球保持在左肩的前上方，在空中利用转体的力量带动手臂向左扣球，使扣球路线与助跑路线不一致，从而突破拦网。

(四) 转腕扣球

转腕扣球是通过改变手腕动作使球的飞行路线发生改变的一种技术动作，其技术动作与正面扣球基本类似。转腕扣球一般可分为向左转腕扣球和向右转腕扣球两种。

技术动作：以向右转腕扣球为例，将球保持在右肩的前上方，击球时右肩上提，上体和头部稍向左偏，手腕向右甩动，以全手掌击球的左上方。

(五) 轻扣球

轻扣球也称为轻拍，是融入了战术思维的一种气排球扣球技术动作。扣球时，队员佯做大力扣球，但击球时瞬间突然轻发力，轻击打球，发力轻重变化使对方防守队员来不及反应。

技术动作：扣球的技术动作与正面扣球一样，只是在击球前挥臂突然减速，手腕放松，以全满掌包球的方式轻轻推压，从而使球从拦网手的上空呈弧线落入对方空当。

(六) 扣调整球

扣调整球，主要是用于一传和防守不到网前时，主攻手往往需要在不是很合适的位置进行击球。

技术动作：扣调整球的基本动作技术与正面扣球基本相同，区别是扣调整球要找到合适的起跳点和起跳时机。扣调整球对主攻手的个人能力要求较高，根据球近网或远网程度，有针对性地运用近网扣球技术或远网扣球技术。

二、扣球技术的练习方法和常犯错误及纠正方法

（一）扣球技术的练习方法

（1）听从老师的口令，熟练地掌握原地起跳、一步助跑起跳、两步助跑起跳。

（2）站在网前不同的位置，进行徒手助跑起跳练习。

（3）徒手模仿扣球挥臂练习。

（4）对墙连续扣球，要求手掌包满气排球。

（5）网前助跑扣固定球，老师站在高台上手托气排球于网上沿，学生助跑起跳扣球。

（6）网前助跑扣抛球，老师站在网前给学生抛固定高度的球，让学生助跑起跳扣球，体会完整的扣球动作。

（7）助跑起跳扣二传球，二传站在 3 号位，把球传给学生，让学生助跑起跳扣球。

（二）扣球技术练习中常犯的错误及纠正方法

1. 助跑起跳前冲，起跳点选择不好

纠正方法：进行徒手助跑起跳练习，加强制动。可在地面上画出起跳点和落地点的限制线，帮助学生更好地掌握技术动作。

2. 助跑起跳时机不正确

纠正方法：老师口头语言提醒学生掌握起跳时机，也可以让学生助跑起跳接不同高度的抛球，提高学生的找球能力。

3. 空中挥臂没有鞭打动作

纠正方法：反复徒手挥臂或者挥臂扔网球，强调学生要体会发力顺序和手臂放松。

三、在扣球技术教学中应注意的事项

（一）助跑起跳是关键

在扣球技术的学习中，许多学生更加注重挥臂击球动作的学习，常常会忽略助跑起跳动作，但助跑起跳动作是解决好人球关系的关键点，老师应该在技术教学时

向学生强调助跑起跳的重要性。

(二) 先分解学习,后完整学习

扣球技术动作较为复杂,一般都会采用先分解后完整的教学方法,在逐步学习好助跑起跳、鞭打动作、原点扣球动作后,再进行完整的网上助跑起跳扣球练习。

(三) 先易后难,循序渐进

由于扣球技术动作较为复杂,学生应该在掌握最基本的垫球、传球和发球之后再学习扣球技术,而且学生在学习的初级阶段应以先掌握正确的技术动作为主,然后在熟练的技术动作的基础上增加扣球的力量。

第七节　拦　网

一、拦　网

拦网是运动员身体靠近球网将手伸向高于球网处阻挡对方来球的一种技术动作,是气排球运动中一项重要的防守技术。拦网是气排球比赛中的第一道防线,也是反攻的前沿,气排球比赛中网上精彩激烈的竞争,就是围绕扣球和拦网这一对矛盾展开的。强有力的拦网不仅可以将对方的扣球拦回、拦起以减少后排的防守压力,甚至可以直接将球拦死。拦网还能干扰和破坏对方组织进攻,削减对方的锐气,给对方施加心理上的压力。气排球拦网技术可根据参与拦网人数的多少,分为单人拦网、双人拦网和三人拦网三种。

(一) 单人拦网

技术动作:面对球网站立,观察对方的动向,采用稍蹲准备姿势,两手自然放松置于胸前,注意保持身体和网的距离大约一小臂的长度。根据对手扣球的位置,可以灵活运用并步、滑步、交叉步等移动步法,迅速接近起跳位置。移动到位后,两脚迅速蹬地,两臂从体侧划弧向身体前上方摆动,起跳后含胸收腹,控制身体平衡。随着身体的腾空,两手贴近球网向网上伸出,两臂尽力伸直并过网接近球,双手张开增大拦截面积。当对方扣球后,手腕触球时突然紧张起来,将球拦下。当身高和弹跳高度有限时，起跳后手臂向上伸，手腕稍后仰，争取拦到球降低球速。拦网后自然落下，双脚落地，膝盖缓冲准备下一个动作(图 2－29)。

图 2－29　单人拦网

(二) 双人拦网

技术动作：双人拦网是在单人拦网的基础上进行的，4 号或 2 号队员负责封堵对方的直线，而 3 号队员要准确判断对方传球位置，运用各种移动步伐迅速移动，与本方的 4 号或 2 号组成双人拦网，拦网的两人要目视来球，准确判断好起跳时机和起跳点，两人同时起跳。起跳后两人摆好拦网手型，在空中组成拦网屏障，封堵对方扣球进攻。需要注意的是两人拦网要注意配合，不要在两个人的中间留出空隙，而且 4 号和 2 号队员的外侧手臂应向内转，以免造成对方打手出界。

(三) 三人拦网

技术动作：三人拦网的基本技术动作同单人拦网相似，但是应该注意队友彼此之间的拦网配合，既要避免彼此距离太近造成干扰，又要避免彼此距离太远造成漏球。

二、拦网技术的练习方法和常犯错误及纠正方法

(一) 拦网技术的练习方法

(1) 徒手原地伸臂拦网。学生站在网前轮流做原地伸臂动作。

(2) 徒手原地起跳拦网。学生可先在空地进行起跳拦网动作的练习,待动作熟练之后可在网前做徒手原地起跳拦网练习。

(3) 徒手移动拦网。学生站在网前,根据老师的手势向左或向右移动拦网,可分别练习并步、滑步、交叉步拦网。

(4) 原地起跳拦高台固定球。老师站在凳子上双手持球于网上,其他学生轮流起跳拦网,体会伸手拦球的动作。

(5) 拦高台扣球。老师站在高台上扣固定路线的球,学生先进行原地起跳拦网,随后再进行移动起跳拦网。

(6) 单人拦扣球。老师组织 4 号位扣球,学生在网的另一侧进行移动拦网练习。

(7) 原地徒手双人拦网。

(8) 移动徒手配合拦网。3 号位的学生向 2 号位或 4 号位移动,组成徒手双人拦网。

(9) 判断移动双人拦网。3 号位的学生提前判断来球,在判断后立刻向 2 号位或 4 号位的学生移动,形成双人拦网。

(10) 原地徒手三人拦网。

(11) 三人配合拦扣球。老师组织调整扣球,三人迅速移动形成三人拦网。

(二) 拦网技术练习中常犯的错误及纠正方法

1. 起跳时机不当

纠正方法:老师可以通过口头提醒帮助学生掌握起跳时机,也可以通过抛不同高度的球让学生自主进行判断起跳练习。

2. 起跳后触网

纠正方法:反复练习起跳后的含胸收腹动作,也可以徒手进行提肩屈腕的拦击动作。

3. 起跳后手离网太远

纠正方法:反复做原地和移动后起跳双手伸网的练习,也可以通过拦固定在网口的球帮助学生掌握技术动作。

三、在拦网技术教学中应注意的事项

(一) 安全第一

在进行拦扣对抗练习时，老师一定要提前提醒学生不要过线、不要碰网，安全第一，避免受伤。

(二) 判断取位和起跳时机是关键

拦网技术动作并不是特别的复杂，拦网效果往往取决于判断拦网的位置和判断拦网起跳的时机。因此，在学习拦网技术时应该尽可能地提高学生的移动能力和判断能力。

(三) 认识拦网的重要性

气排球网上激烈而精彩的竞争离不开扣球与拦网，高质量的拦网会减轻本方后排防守的压力，甚至会直接拦网得分。拦网技术是一项比较重要的防守技术，要提高学生对拦网重要性的认识，让学生在思想上重视拦网训练。

第三章　气排球战术

本章主要阐述气排球战术的基本理论、气排球进攻战术的教法和训练。

第一节　气排球战术的基本理论

一、气排球战术的概念

气排球战术是指运动员在比赛中，根据气排球竞赛规则和运动规律、比赛双方的具体情况和临场竞赛的发展变化，合理运用个人战术和集体战术相配合的有意识、有组织的行动。

二、气排球战术的发展

气排球运动经过 30 年的发展与改革，在内容、形式、规则等方面日益革新，并随着社会的进步和传播手段的现代化而广泛普及和大众化。气排球比赛的战术形式和战术内容最初借鉴了室内六人制排球的战术体系与模式，但随着运动实践的积累与参与人群年龄段的拓展，竞赛规则与竞赛方法也产生了比较明显的变化，使气排球的战术指导思想与组合体系也得到了不断的丰富，形成了多样化的战术格局。

（一）气排球进攻战术的发展趋向于“全面型”“互相掩护型”

在进攻线前后的多个进攻点组成多种配合，在全面熟练掌握个人技术与个人战术的前提下，通过各种跑动换位与信号联系，互相掩护，轮流进攻，充分展示各专位的特点与特长，使整体战术发挥最大的功效。因此，“全面型”“互相掩护型”战术体系将在很长时间内成为进攻战术发展的主要模式。

（二）气排球战术趋向于“多变型”和“快速化”

单一战术的组合已不适应现代气排球运动的发展要求，而多种战术方式的有效组合、创新及临场变化组合，使气排球运动充满了无限的可能，也展现出其无穷的魅力。

（1）发球战术多样化。有大力的跳发球，也有吊网前的轻飘球，还有各种角度的弧线球，直接冲击对手的一传与一攻体系。

（2）进攻战术上除了基本的高点强攻外，逐渐向快速变化的跑动进攻体系发展。通过快速调整、快速跑位配合与快速的打法完成进攻，在最短的时间内占据场上进攻先机，从而掌握比赛场上的主动权。

（3）防守战术灵活多变。根据对手的进攻布局改变本方的拦网与后排防守，要体现各个专位的防守特长，又要随时补位。既要有高大的移动拦网，也要有稳健的后排防守。要充分利用队员的身高、弹跳优势加强网上和网前的高防，在前排网上争防第一点时，后排防守队员要将身体重心主动降低，赢得防守时间，从而加快拦防反击的速度。

（三）气排球战术运用趋向合理、简练和实效性

气排球战术组合和运用的最终目的是获取得分。在气排球运动规则的导向下，气排球比赛的竞争性日趋激烈，各种战术组合和运用都在寻求更为合理的途径，在全面型、快节奏、多变化的整体战术体系中，简练、实效的战术运用成为制胜的重要手段。简练是战术配合的节省化和快捷化，实效是临场比赛战术运用的强烈制胜目的性的实现。在这种目标指引下就要求气排球队员有良好的气排球战术意识和整体的协调配合能力，能够根据比赛的进展情况做出正确的判断和快速的反应，既能完成预定的战术构想，又能随机应变，巧妙地运用各种战术手段。

三、气排球战术指导思想

气排球战术指导思想是一个球队在训练和比赛中指导战术行动的主导思想和基本原则。正确、先进的指导思想应符合气排球运动的客观规律和本队的实际情况，也应适应气排球运动的发展趋势。制定战术指导思想，要针对队伍在不同时期的不同对手进行。

四、气排球技术与战术之间的关系

（一）技术是基础，战术是载体

在气排球运动的整体中，技术是基础，战术是载体，技术通过战术来发挥和表现。技术是制定战术、运用战术的基础。技术决定战术，战术促进技术，二者相互促进而提高。技术与战术相互联系、相互依存、相互制约、相互促进而发展。

（二）个人战术与集体战术的关系

个人战术是集体战术的组成部分，集体战术是个人战术的综合体现，二者之间的关系是局部和全局的关系。二者相辅相成，互相促进，互相弥补。

（三）"四攻"战术系统的相互关系

1. "四攻"系统

按气排球运动的制胜规律，将其分为四个相对独立、相互联系又相互制约的战术系统，分别为接发球组织进攻（一攻）、接扣球组织进攻（防反）、接拦回球组织进攻（保攻）、接其他球组织进攻（推攻）。

2. "四攻"系统之间的关系

（1）以一攻为基础、防反为重点、保攻为依托、推攻为辅助。

（2）一攻的质量高可抑制对方的防反能力。

（3）一攻水平高可促进防反战术质量的提高。

（4）防反水平高可巩固发球权，增加得分机会。

（5）提高防反水平，可促进一攻质量的提高。

五、气排球战术能力与战术意识

（一）战术能力

气排球战术能力是运动员竞技能力的重要组成部分，在与对手的技能、体能、心理和智能基本相同的情况下，战术能力的作用就更加突出，常常在取胜中占有重要的地位。随着年龄的增长和运动技术水平及身体能力的提高，战术能力在竞赛中的作用也会随之加强。

战术能力与技术、素质、心理等多种竞技能力都有着密切的关系。技术能力是战术能力的基础，身体能力是提高技战术能力、实施战术配合的重要条件，心理能力则是技术能力和战术能力发挥的保证。运动员思维的敏捷性、灵活性、预见性和创造性等是体现智能的重要方面，也是战术意识的基础。此外，战术能力的提高又必然地促进体能、技术能力、心理和智能的更快发展。

（二）战术意识

气排球战术意识即战术素养，是指运动员在发挥技术的过程中支配自身行动并带有一定战术目的的心理活动，也是运动员在气排球比赛中合理运用技术和实现战术时所具有的经验、才能和智慧。运动员在比赛中的判断、应变和实践能力，以及每一项技术、战术的正确运用能力，都受一定战术意识的支配，并包含有战术意识的内容。运动员战术意识的强弱是衡量其是否成熟的重要标志，因此在训练和比赛中应注重培养他们的战术意识，从而提高运动员正确合理运用技术的能力、临场判断与应变的能力、比赛经验的迅速积累，等等。根据气排球运动的规律与特点，可以从以下几个方面培养与提高运动员的战术意识：(1) 技术的目的性；(2) 行动的预见性；(3) 判断的准确性；(4) 进攻的主动性；(5) 防守的积极性；(6) 战术的灵活性；(7) 动作的隐蔽性；(8) 配合的集体性。

六、气排球战术的创新

1. 超前性原则

超前性体现在超前思维、超前设计、超前试验以及超前运用几个方面，以实现先发展人的应用目的。气排球战术创新在构思、设计、试验和运用等各个环节上，必须做到先人一步，只有这样才能达到战术创新的预期效果。

2. 针对性原则

针对性表现在三个方面：一是针对某一确定的比赛对手而设计，二是针对本队某一队员的特点而设计，三是针对某一实际问题而设计。在进行气排球战术创新时，应主要针对运动员的身体素质、形态、技术特长、战术意识和智力水平等特点；针对本队总体风格打法；针对不同对手在风格打法、关键队员以及发展方向上的特点；针对气排球技战术发展趋势、规则修改动向等方面进行创新，只有这样气排球战术的创新才更有实效。

3. 可行性原则

可行性是指气排球战术创新设计必须符合科学原理、队员条件和比赛实践要求。由竞技体育的特性所决定，任何一项技战术的创新都必须符合运动员的生理解剖特点，适应实践的需要，适合集体配合，并能够为运动员所掌握，只有这样才能实现其创新的价值。

第二节　气排球的基本战术

一、气排球战术分类

根据不同的分类方式，气排球可以演化出不同的战术体系，在相应过程中有目的地变化各种战术阵型与打法，从而形成相对完整的战术体系。

（一）按战术的参与人数分类

根据参与战术体系人数的多少及配合的差异性，可以分为个人战术和集体战术两大类。

（二）根据对抗过程中所采取的不同组织形式

根据对抗过程中所采取的不同组织形式，可以将气排球分为进攻战术与防守战术两大类（如图 3－1 所示）。

二、气排球阵容配备

（一）阵容配备的概念

阵容配备是参赛队根据比赛的任务、本队战术组织的特点及队员的身体情况，有针对性地、合理地安排场上队员技术力量的组织形式。

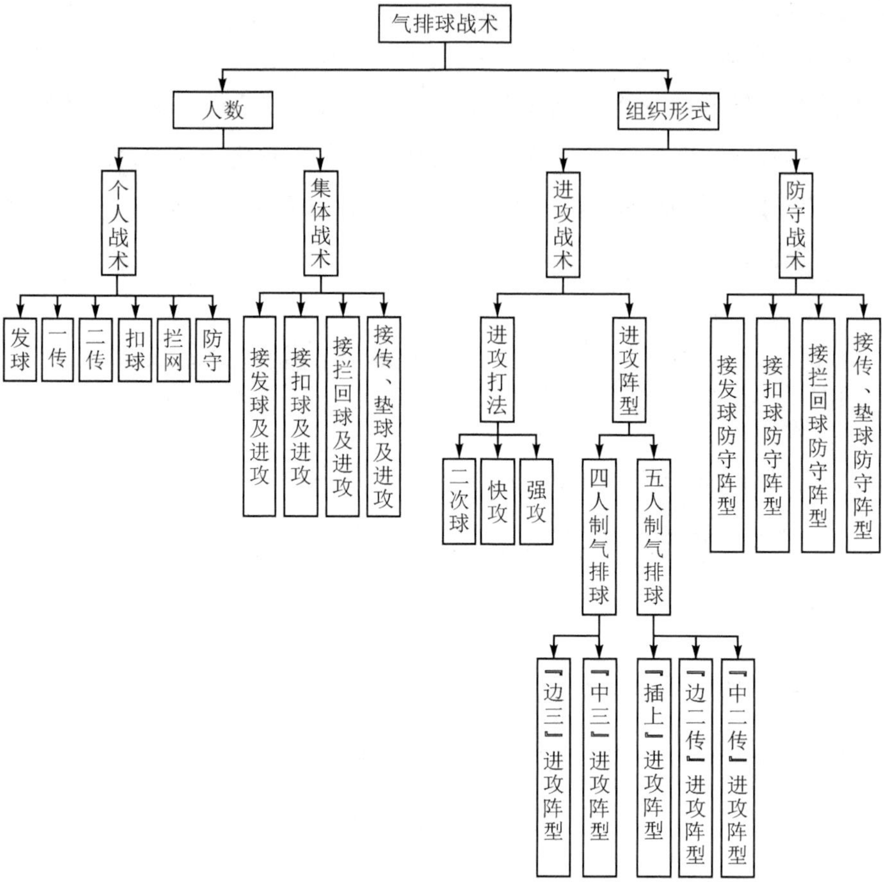

图 3-1　气排球战术的组织形式

(二) 阵容配备的主要形式

1. 五人制气排球阵容配备

(1)“四一”配备：由四名进攻队员和一名二传队员组成(见图 3-2)。其特点是二传与攻手分工明确,进攻点较多,全队只须适应一名二传队员的技术特点,相互间的配合更为默契,有利于战术意图的领会与执行,四名攻手的设置也有利于本方进攻实力与拦网实力的提升,但对二传的体能及分配球的能力也提出了更高的要求,同时还要考虑二传插上后,后排防守薄弱这一问题,因此有些队伍会培养接应二传代替其中一名攻手的位置,以弥补后场防守与调整球的问题。

(2)“三二”配备：由三名进攻队员和两名二传队员组成(见图3-3)，又可根据二传的站位分为两种阵型，其一为二传站于前排3号位和后排5号位，其二为二传站于前排3号位和后排1号位。这种阵型的特点是二传与攻手的数量及站位分布比较合理，每个轮次均能保证有一名二传队员，且前后场均有二传可以调整球，可以最大限度地防止一传不到位时本方无法有效组织进攻的情况出现，从而保证战术配合的稳定性，但会出现两名二传同时在前/后场区的情况，进攻点的减少也在某种程度上降低了本方的进攻能力。

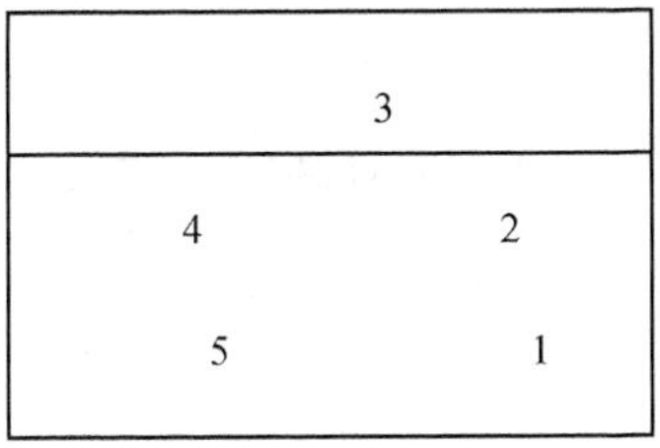

图3-2 “四一”配备

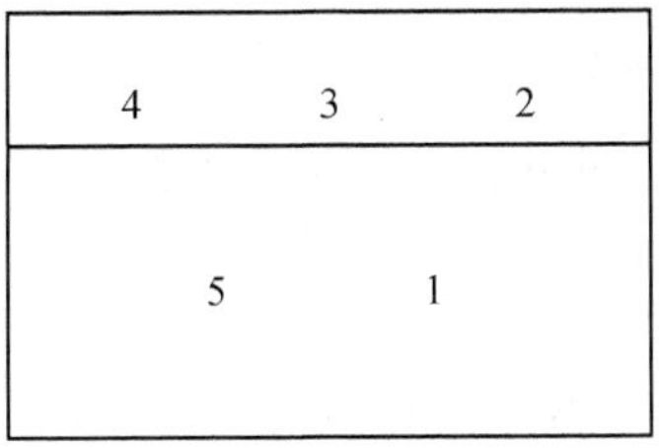

图3-3 “三二”配备

2. 四人制气排球阵容配备

(1)“三一”配备：由三名进攻队员和一名二传队员组成(见图3-4)，前排2号位队员在网前担任二传队员，其余三名队员为进攻队员。虽然场上人数减少方便了队员之间的跑位，但对攻防转换所需的时间、专区防守的要求更高。

(2)“二二”配备：由两名进攻队员和两名二传队员组成(见图3-5)，各个轮次二传队员和进攻队员配置均衡，但二传队员要求有一定的进攻和拦网能力，以便打出多点进攻的战术。场上前排2号位队员和后排4号位队员为二传队员，1、3号位队员为进攻队员。

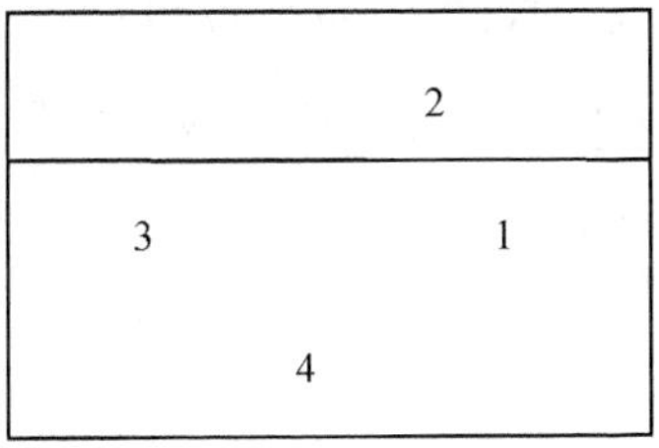

图3-4 “三一”配备

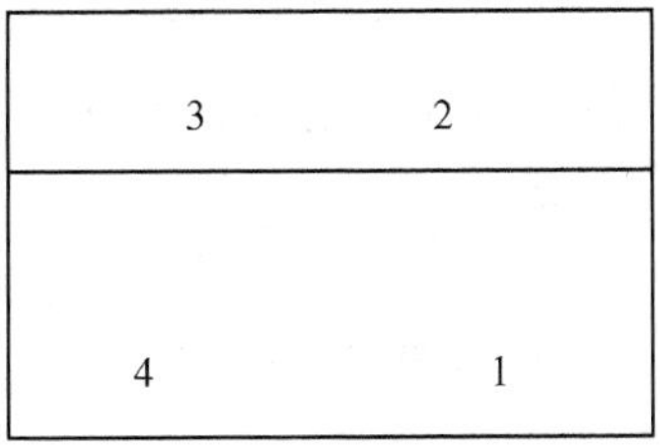

图3-5 “二二”配备

（三）阵容配备原则

1. 攻击均衡

各种阵容配备都是二传队员与扣球队员成对角线站位。这样，每个轮次的攻守力量相对均衡，可以避免弱轮的出现。

2. 合理搭配

根据具体情况，将队员的身高根据高低适当地搭配起来，使之成为能充分发挥队员作用的整体。

3. 轮次针对

针对对方队员的位置安排轮次，如将拦网能力强的队员对准对方攻击力强的队员，以抑制对方的进攻。

三、气排球位置交换

（一）位置交换概念

位置交换是指在规则允许的条件下，通过场上队员的位置交换，以组织战术的方法。

（二）位置交换的方法

（1）为便于组织进攻，把二传队员换到前排便于组织进攻的位置。

（2）为加强进攻力量，把进攻能力强的队员换到便于进攻的位置。

（3）为加强拦网，把身材高大或弹跳力好的队员换到拦网任务重或对方进攻性强的区域，增强本队的网上竞争实力。

（4）为加强防守效果，后排队员可换到自己熟悉的位置进行专位防守。

（5）当二传队员轮转到后排时，在比赛中常常采用“插上”战术将二传队员换到前排组织进攻。

（三）交换位置的任务

1. 前排队员之间的位置交换

（1）将二传队员换位到二传位置。

(2) 将扣球队员换位到习惯的扣球位置。

(3) 将拦网好的队员换到对方进攻较强的位置。

2. 后排队员之间的位置交换

(1) 将二传队员换到 1 号位,便于调整传球。

(2) 控制发球落点。

(四) 换位时的注意事项

(1) 换位之前的站位,既要防止位置错误的发生,又要考虑缩短换位距离。

(2) 当发球队员击球的瞬间,迅速移动到本位,便于进行组织。

(3) 当接发球时,应打完一攻后,再进行换位。

(4) 成死球后,应立即回原位置,避免轮次错误,应注意队员之间相互提醒,避免干扰。

四、气排球信号联系

气排球信号是为了统一行动目标,完成集体战术配合,根据本队情况,由教练员和运动员共同制定的一种行动信号。信号联系的目的在于统一运动员的行动,便于相互了解,从而达到队员间协调一致,最终取得比赛胜利。

气排球信号联系分别有语言、手势、落点、仪态、综合等 5 种信号联系。

第三节　个人战术

一、发球个人战术

(一) 指导思想

发球战术和发球技术不受对方和同伴的制约,也没有集体配合的问题,全凭个人技术和个人战术的作用。因此,发球时要树立“以我为主”的观念。在观察和分析对方的具体情况后,有针对性地采用不同的发球战术,可以取得先发制人的效果。

(二) 战术运用

1. 加强发球的性能

改变发球力量、速度、弧度以及旋转与飘晃等性能,以达到直接得分或破坏对方进攻的目的。

2. 控制发球的落点

(1) 将球发到两个队员之间的连接区,或边线及后场短线附近,增加接发球到位的难度。

(2) 将球发给对方参与进攻的队员,落在该队员的前、后、左、右,迫使其先接球,破坏进攻的流畅性。

(3) 将球发给对方二传或落在该二传跑动的必经线路上,迫使其接球,以破坏对方的进攻节奏。

(4) 将球发给传垫技术差、情绪急躁、精力分散或刚上场的队员,造成对方接发球失误。

3. 改变发球的方法

(1) 改变发球的位置。一是变换发球的垂直站位,可站在距端线近、中、远距离位置发球;二是改变发球的左右站位,可选择站在端线外的左半区、右半区或中部位置,以发出不同性能和不同落点的球。

(2) 改变发球的弧度。发球时,给予球上旋或左旋、右旋,改变飞行弧度,降低对方一传到位率。如上空没有障碍物,可以发高吊球,利用球体下降时产生的重力加速度,使对方产生不适。

(3) 改变发球的速度。采用击球点高、距网近、速度快的飘球、跳发球或勾手大力发球,达到先发制人的目的。或采用高弧度、慢速度的发球,利用速度变化造成对方的不适应。

4. 改变发球的攻击性和准确性

(1) 如本方得分难、比分落后较多或遇到对方进攻强的轮次等情况时,可采用加强进攻性的接发球战术,以改变本方的落后状况。

(2) 如本方领先较多,亦可采用攻击威力大的发球,以扩大战果。

(3) 如本方发球连续失误或对方暂停、换人后,以及对方处于进攻较弱的轮次或接发球连续失误时,应注意发球的准确性,避免失去得分机会。

(4) 如比赛处于关键时刻,特别是在决胜局时,发球更要注意准确性,不要做无谓的失分。

二、一传个人战术

(一) 指导思想

一传战术通常是指比赛中在本方场区接对方来球的第一次击球,或本方拦网触手后的击球,是为了组成本队的进攻战术而采用的有目的、有意识的击球动作。由于各种进攻战术对一传的要求不同,所以一传的方向、弧度、速度、落点也不一样。可运用各种传球或垫球技术,其中以双手垫球运用最多。

(二) 战术运用

(1) 组织快攻战术时,当本方快攻队员能进行快攻打法时,一传的弧度要低平,速度略比高点进攻快,以便于加强进攻的节奏。如果来不及,则应提高一传的弧度、降低速度。

(2) 组织强攻战术时,一传速度较快,弧度略高,为二传队员营造有利的传球条件。

(3) 前排队员一传时,力量要小,弧度稍高,根据力量的大小,可采用上手传球。与前排队员相比,后排队员则与之相反。

(4) 对方第三次传球过网时,一传可用上手传球,便于进行快速反击或传给网前队员进行二次进攻。

(5) 当对方场区有较大空位时,或对方队员无准备时,一传可直接将球击向对方场地。

三、二传个人战术

(一) 指导思想

二传战术的主要目的是合理有效地分配球,为本队队员创造有利的进攻条件,突破对方拦网并完成各种战术。二传应根据本方一传的效果、队员的特点和站位情况以及对方的拦网情况,合理运用适当的击球动作完成分配球,必要时二传队员也可完成具有攻击性的二次球。

(二) 战术运用

二传个人战术具体表现在以下几个方面。

(1) 根据本方队员的特点和布局情况,进行合理分配。

(2) 根据本方队员一传的情况,如一传到位,则要完成各种战术;如一传不到位,则要采用保守战术。

(3) 根据本方队员的不同起跳时间,可采用升点或降点的方法,用隐蔽动作和假动作打乱对方的拦网布局。

(4) 根据对方拦网的情况,利用时间差和位置差,合理选择突破口。

(5) 根据对方防守队员的站位,可将球突然传入对方空位。

四、扣球个人战术

(一) 指导思想

合理助跑取位,落点观察细致,手法稳中有变,下手准确有效,积极配合保护。扣球个人战术要求进攻队员根据对手拦网和防守情况,合理选择与改变扣球技术和路线,以有效突破对方的防御体系。气排球网高及扣球动作的限定使拦网方占据相对有利的局面,这也要求进攻者必须提高自身的扣球个人技术能力与临场战术应变意识与能力。

(二) 战术运用

1. 线路的变化

(1)扣球时采用直线和斜线相结合、长线和短线相结合的方式。

(2) 利用助跑线路和扣球线路的不同方向,迷惑对方拦网和防守队员,如直线助跑扣斜线、斜线助跑扣直线。

(3) 针对防守技术差和意志不顽强的队员扣球,或扣向对方空当和防守薄弱的区域等。

2. 动作的变化

(1) 运用转体、扣腕的扣球技术,突然改变扣球方向,避开对方拦网。

（2）运用超手高点扣球技术，从拦网人手上方进行突破进攻。

（3）选用正面扣球变为勾手扣球动作，造成对方拦网判断失误。

（4）利用突然的两次攻或一次攻，造成空网或一对一进攻的有利局面。

（5）高点平打，造成球触拦网手后飞向后场区远端或造成两侧打手出界。

（6）突然用单脚起跳扣球，使对方来不及拦网。

（7）有意识地提早或延迟扣球时间，使对方难以掌握拦网的起跳时间。

（8）运用轻扣球或吊球技术，使球随拦网队员一同下落，增加拦网队员自我保护球的难度或使球落在对方网前或拦网队员的身后。

五、拦网个人战术

（一）指导思想

拦网个人战术是指拦网队员根据对方进攻队员的特点以及进攻战术的应用情况，利用时间、空间等因素，采用不同手法，以达到阻碍对手攻击、降低对手攻击力或直接得分的目的。

（二）战术运用

（1）拦网队员可拦直线起跳，向侧伸臂拦斜线进攻；或在拦斜线位置上起跳拦直线进攻。

（2）如遇对方要打手出界时，可在空中将手及时撤回。

（3）如遇对方轻吊球，则拦网队员利用手腕动作将球拦回。

（4）改变空中拦网手的位置。

（5）制造假象，假装有空位，当对方进攻时及时拦网。

六、防守个人战术

（一）指导思想

防守必须“判断准，移动快，多路拼抢，每球必争”。队员在防守时，须选择最有利的位置，采取合理的接球动作，按战术要求防起球。必须在具有拼搏精神的同时善于观察，根据对方的进攻和本方拦网的情况，做出准确及时的判断，并采取相应措施。

(二)战术运用

(1)根据对方二传的方向和落点,迅速地做出判断,并立即移动到相应的位置,正对来球,准备接球。

(2)在选择前、后位置时,应根据对方二传与网的距离和扣球队员击球点的高低来判断。如球离网较近、无人拦网时,防守取位可向前;如离网较远,则取位可向后。

(3)选择左右位置时,主要根据对方扣球队员的助跑线路、起跳点以及人与球保持的关系来判断。一般而言,防守位置应取在对方扣球队员和球连线的延长线处。

(4)根据对方扣球的特点,采取相应的防守行动:如只扣不吊时,则取位靠后;如对方打、吊结合,则要随时准备向前移动;如对方只扣斜线,则要放直防斜。

(5)根据本方前排队员拦网的情况,主动选择防守位置加以配合和弥补,重点防守前排拦网的空当。

第四节　个人战术的教法与训练

战术教学必须在学生掌握一定基本技术的基础上进行,使之学会攻、防战术的配合方法,在比赛中提高运用基本技术的能力,才能达到较熟练运用各种主要战术的目的。

一、发球个人战术教学与训练

1. 三发三接

甲组发,乙组接,规定发球必须发场内。10 次之后,接发球的站位轮转一次。甲组发完 30 次以后与乙组交换。教练员做发球个人记录评选:将发球得分率减去失误率,高者为获胜方;接发球到位率减去失误率,高者为接发球胜的一方。

2. 两发两接

两人同时发球,一人发直线,一人发斜线;另一组两人,一人接直线,一人接斜线。只对发球做记录,发出场外或不过网为失误,发到中路不计数。每组发、接球 10 次,最后算总分。

3. 发球计分法

两人发，两人接，只记录每个人的发球。发球直接得分记 5 分、对方破攻计 4 分、对方调整攻计 3 分、对方半到位球(网附近)计 2 分、对方到位(进攻线附近)计 1 分、发球失误计 0 分，积累每人的总分。20 次后大组互换，教练员记录得分。可采用每日计分或一周累积计分的方法进行计分，按积分高低进行奖励。周累积计分方式较有系统性和连贯性，使队员每次发球时都必须注意质量，有意识地去钻研发球技术，同时相应地可促进队员一传技术的提高。

4. 集体发球法

三人一组，按比赛中轮次站位，规定每人必须发 3 个性能好的球，由教练员进行评定，一般球不计数，在完成 9 次性能好的球中，有一次失误则不予计算。此方式可锻炼队员实战中的心理，如对同伴发球失误的态度及自己应持的态度。教练员在练习中发现队员出现不正常的情绪时，应予指出并给予帮助，但不能放松要求。

5. 准确性发球法

按队员自定的线和点，发 10 次和 20 次准确性很高的球，并要有一定的弧度、飘度等。或规定在一定发球次数中必须发多少次规定落点的球，超过限制次数则不算。

二、一传个人战术教学与训练

(1) 两人一组，教练员发球，两个队员一垫一调传。这种方法在场地不足、无球网时采用。每人按自己平时站位的距离假设到位的目标，每组练习 20 次交换，要求到位 15 次以上，由调整二传判断球是否到位。

(2) 教练员采用远距离的高台发球以增大接球的难度，并有目的地针对每个队员的弱点进行练习。这种方式可结合场地、球网进行，三人或四人一组，分直、斜线(场地两边可同时进行)，每组接同样数量的球，统计到位球的次数。也可根据主力和替补队员的不同水平，进行主力与主力比赛、替补与替补比赛，或让队员发垫对抗赛。

(3) 接发球进攻练习：三人一组，一人接发球，一人二传，一人扣球。10 次接发球中要求到位率为 70%以上，扣球成功率为 60%以上，如其中有任意一项完不成任务则须补课，补课内容可按本队需要提高的项目来决定，也可补扣球、拦网，一般不补一传。转变一种项目以使其兴奋起来，达到一定的意外训练效果。

三、二传个人技术教学与训练

(1) 原地自传：要求把球传向头正上方，高度为离手1.5～2.0米，连续进行3组，每组20次。

(2) 对墙自传：距离墙50厘米左右，上、中、下连续传球20次，完成3组。

(3) 两人一组背传：一人抛球，一人背传，传20次，每人完成3组。

(4) 三人一组背传：三人直线站位，各相距2米。两边队员抛球或传球给中间队员，连续转身背传球10次，各完成3组。

(5) 四人换位背传：1号位两人，先由一人传球给3号位，3号位背传给2号位，2号位传到1号位后跑到1号位，队员顺时针随球跑动，一组20次，完成3组。

(6) 对墙或对网连续跳传球：掌握好起跳时机，空中保持平衡，10次一组，完成2组。不能碰墙或触网。

(7) 两人一组跳传：连续做跳传练习，10次一组，做2组。

四、扣球个人技术教学与训练

(1) 加强前臂放松的练习：如用20秒或10秒计算手腕快速甩动的次数；用绳鞭放松地做扣球动作，抽打墙的侧面；对镜子做手挥臂扣球的练习；在水池中提臂后放松挥动等。肩、肘、腕关节的放松是加快前臂速率的前提。

(2) 用小皮球对墙进行快速甩击。

(3) 对墙自抛自扣：离墙6米，对墙加速挥击。前臂速率的提高取决于挥臂的加速方式，采用加速方式的前臂扣球动作，有利于前臂速率的提高。

(4) 对墙扣目标：在离地面1米高度的墙上，画一个直径为50厘米的圆圈；采用正确挥臂方法，自抛自扣，力争每扣必中。如果10次扣杀能中6次以上，说明手控球有一定能力。初练可能只集中2～3次，逐步提高到5～6次。开始时不要用全力，但不能用推打。为了提高兴趣可以采取比赛的方法。

(5) 对墙连续扣反弹球：这个方法有利于提高手控制球的“球感”，但会产生击球点降低的情况，要求队员在练习中保持在头部上方的高度，用前臂抽打好每一次击球，不能用上臂拖肘压球。

(6) 站立扣低球：结合网练习，有利于正确动作的形成。要求挥臂时要高点击准、打满，打出平冲长线的上旋球，弧形过网，这是训练控制球的一个重要方法。

(7) 对墙隔绳自抛自扣：绳子安放在站位前，比右臂指尖高度低一个球的位置。对墙自抛自扣时，上体要放松，肩部充分上提。甩出时用良好的挥臂加速方法，向平前上方击球，既要注意伸直臂在最高点击球，又要注意扣杀时前臂的爆发力。

(8) 对墙隔绳扣球：方法同(7)，但是由他人抛球，这样能充分做好摆臂和挥臂的动作，力争在最高点扣杀。

(9) 高网练习：在标准网的上方两个球的位置，拉一根与网平行的长绳，要求助跑起跳后在最高点击球，越过横绳做超手扣球，此方法可以提高击球点。

(10) 提高腾空后快速挥臂动作的练习：原地或一步助跑起跳后在空中做挥臂击球动作。女队员的空中动作更容易变形，所以应强化在身体腾空情况下的快速挥臂练习。此方法可帮助队员建立良好的空中感觉，且膝关节不易受伤。

五、拦网个人战术教学与训练

(1) 队员分别相对站在球网两边，原地用直臂、夹肩、小弧度摆臂动作向上连续拦网跳，10 次一组，完成 3 组。

(2) 同(1)，网前左、右并步起跳拦网，5 次一组，完成 3 组。

(3) 从 2 号位开始做交叉步或并步拦网跳到 4 号位，又从 4 号位跳回 2 号位，5 次一组，完成 3 组。

(4) 两人一组网前面对站立，一名队员做直线、斜线、打手出界动作，另一名队员做拦网跳，10 次一组，做 3 组。

(5) 三名队员分别站在网前 2、3、4 号位，教练员在网对面连续比划数字手势，对应号位队员两人配合拦网跳，10 次一组，做 3 组。

(6) 队员按比赛位置站在球场两边，教练员在场外抛球组织进攻，一方进攻，对方拦网。每轮 5 次，统计 5 轮拦死、拦起的次数。

六、防守个人战术教学与训练

(1) 快速变点。训练队员的反应、判断和快速移动能力。教练员向防守队员扔出左、右、高、低不同的球，要求队员快速跑动，并以每球必争的精神去完成每一个动作，提高队员的救球能力，以及各种脚步变换、重心转移及补位能力等。防守个人战术练习要由易到难，可用抛球、扔球与扣、吊球方式逐步扩大救球范围和增大防守难度。

(2) 虚晃多变。训练队员重心改变后再启动的防守能力,扩大控制球的面积。特别是对于移动能力差的队员,要求其在快速移动中连续接身体两侧的低部位来球。

(3) 一高一低扣防。训练重心升降、腰腹折叠速度及快速下蹲和突起的能力。高部位来球可用各种挡球、扒球动作。低部位来球则要求队员的身体重心很快下降、塌腰托球或脚垫球。完成动作要快,一高一低快速连续地进行练习。

(4) 大数量防接球。练习移动耐力,练习意志品质和克服困难的精神,并通过练习提高“球感”。

第五节　集体战术

一、进攻战术

(一) 进攻战术打法

1. 强　攻

强攻是指在没有同伴掩护而对方有准备拦防的情况下强行突破的进攻。强攻的二传球较高,根据不同的二传球位置,可以分为集中进攻、拉开进攻、围绕进攻、调整进攻等。

(1) 集中进攻:进攻队员扣球,二传队员向后排左侧或后排右侧传出弧度较高、落点较集中的球,称为集中进攻。这种打法由于难度小,便于扣球队员助跑和挥臂扣球,一般适合初学者和水平较低的球队运用。

(2) 拉开进攻:进攻队员扣球,二传队员传到后排左侧或后排右侧的技术打法,并且在标志杆附近的球,称为拉开进政。这种打法充分利用网长,能扣在直线和小斜线,既利于避开拦网,也便于打手出界。

(3) 围绕进攻:进攻队员从二传队员身后绕到前面扣球,称为前围绕进攻;进攻队员从二传队员前面绕到身后扣球,称为后围绕进攻。围绕跑动换位的目的是充分发挥进攻队员的扣球特长并避开对方的拦网。

(4) 调整进攻:当一传不到位、球的落点离网较远时,由二传队员或其他队员将球调整到网前进行的扣球进攻打法称为调整进攻。这种打法在接扣球进攻中运用较多。

2. 快 攻

快攻是各种平快扣球以及以平快扣球掩护同伴进攻或自我掩护进攻所组成的各种快速多变的进攻战术的总称。快攻是我国的传统打法，具有速度快和掩护作用强的特点，因此能在时间上和空间上发挥优势，有效地突破对方的防御。快攻可以分为平快球进攻和快球掩护进攻两类。

(1) 平快扣球是指在拉开进攻的基础上加快进攻速度的一种打法，即二传传球低或平，与扣球队员的配合节奏快，从时间上造成对方拦网困难。

(2) 快球掩护进攻是一名进攻队员利用各种快球进行佯攻掩护，然后二传队员将球传给其他进攻队员扣球进攻的进攻打法。用快球掩护进攻能帮助其他进攻队员摆脱对方的集体拦网，造成以多打少甚至空网进攻的机会。佯攻队员积极跑动进行掩护，二传队员灵活机动进行传球，扣球队员要全力快速跑动实扣，只有虚实并举，才能起到更好的效果。快球掩护进攻主要是由中间快球掩护，两边拉开进攻。高水平的队还可以进行交叉跑动等掩护进攻的打法。交叉进攻打法是指一名进攻队员快球掩护，另一名进攻队员与其交叉换位后在二传身旁扣半高球。这种打法能造成对方两名拦网队员互相阻挡，因而突然性强，攻击性大，效果好。

3. 两次攻

两次攻可分为两次球进攻和两次球转移进攻。

两次球进攻：当一传球较高且落在进攻线附近时，二传队员或其他队员跳起直接进行扣球。这种进攻加快了进攻的速度，改变了进攻的节奏，使对方难以防守。

两次球转移进攻：即佯装进行二次攻将对方拦网骗起时，将球传给另一侧同伴进行进攻(如图 3－6 所示)。这种战术打法的主要目的是迷惑对方拦网，但这种战术对一传的要求较高，技术难度较大，因此一般在对方发球攻击性小、扣球威力不大或把球垫过来时采用。

(二) 进攻战术阵型

1. 五人制气排球

(1) “中二传”进攻阵型：前排中间的 3 号位队员做二传，把球传给两边的 2 号、4 号位队员进攻(如图 3－7 所示)。该阵型的优点是一传向 3 号位垫球，二传在网前接应一传距离较近，向 2、4 号位传球距离短，便于组织进攻，但战术变化少，容易暴露进攻点。在气排球比赛过程中，如果二传队员轮转到 2 号、4 号位时，可在对方发球

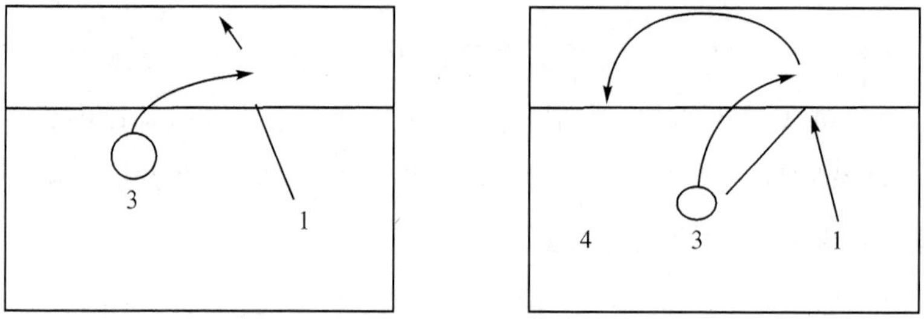

图 3-6　两次攻

后换到 3 号位来，俗称“边换中”。

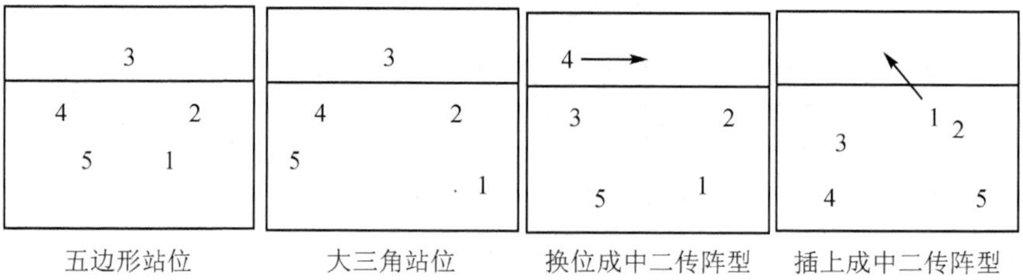

图 3-7　“中二传”阵型

(2) “边二传”进攻阵型：“边二传”阵型是五人制气排球进攻阵型，有正“边二传”和反“边二传”之分，前者为 2 号位队员二传球给 3/4 号位队员进攻：后者为 4 号队员二传球给 3/2 号队员进攻(如图 3-8 所示)。“边二传”阵型具有战术变化多、一传要求高、二传跑动距离长的特点。

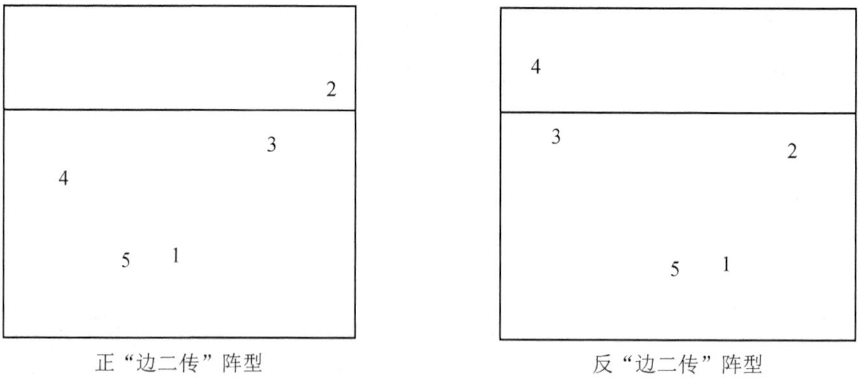

图 3-8　“边二传”阵型

(3)“插上”进攻阵型：“插上”进攻阵型是五人制气排球进攻阵型，在“插上”进攻阵型中，各队员的站位与任务是，二传轮转到 1 号位和 5 号位时，从后排插上到前排做二传，传球给前排 4 号、3 号、2 号位队员进攻(如图 3－9 所示)。这种进攻阵型的特点是进攻战术变化多，利用球场宽度组织进攻，要求二传有较强的插上和后撤意识。

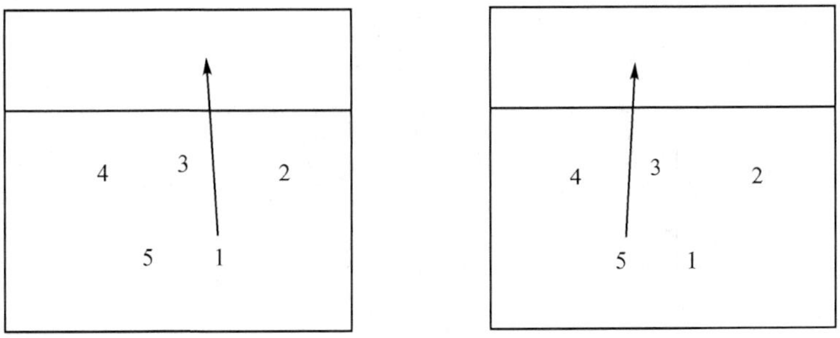

图 3－9　后排“插上”进攻阵型

2. 四人制气排球

(1)“中三”进攻阵型：由前排 3 号位队员站在前场区中间担任二传，其他三人将球传(托或垫)给二传队员，再由二传队员传给场上队员的进攻(如图 3－10 所示)。“中三”进攻战术是四人制比赛进攻战术中最基础和简便的一种进攻战术形式。运用过程中，当二传队员轮转到 3 号位时，可采用换位的方法跑到 2 号位。该阵型配合简单，便于组织进攻，但突然性、隐蔽性不强，易被对方识破，多为水平较低、尚未掌握复杂进攻战术的球队采用。

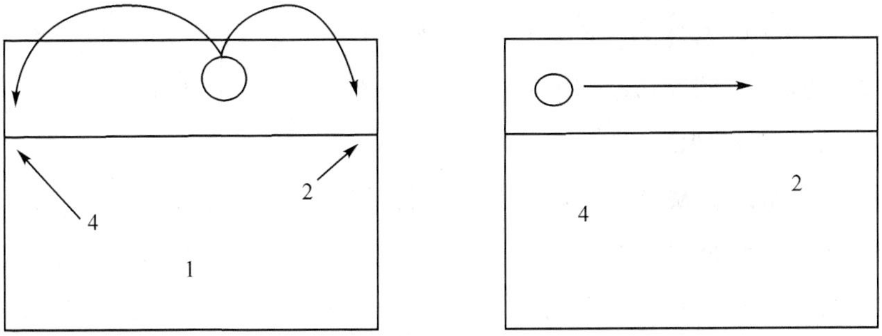

图 3－10　“中三”进攻阵型及换位

(2)“边三”进攻阵型：由前排2号位队员担任二传，其他三人将球传(托或垫)给二传队员，再由二传队员将球传给场上队员进攻。如果二传队员在3号位时，可采用换位方法跑到2号位(如图3-11所示)。由于二传站在2号位偏中位置，一传目标清楚，同时有二到三名进攻队员位置相近，可以互相掩护、互相配合，充分利用前场区的空间，组织更多快速、有效的进攻战术。

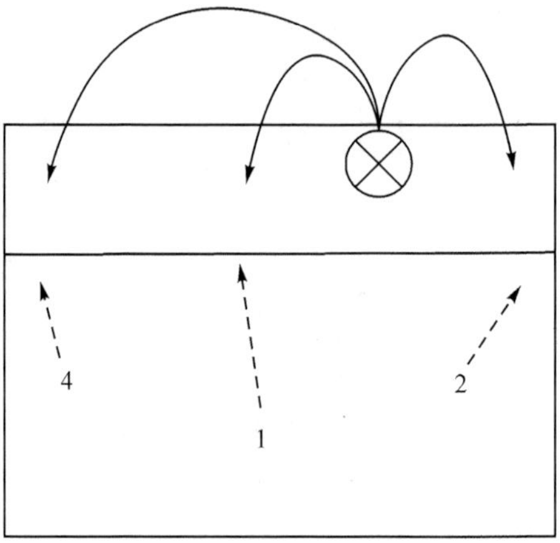

图3-11 “边三”进攻阵型

二、防守战术

(一)接发球阵型及站位

当对方发球时，本方处于防守地位，也是组织第一次进攻的开始。事先站好位置，摆好阵型，是接好发球的基础。站位的阵型不仅要有利于接球，也要有利于本方所采用的进攻战术。同时，还要根据对方发球的特点，采取不同的阵型。

1. 4人接发球阵型

(1)阵型运用及优缺点：只有五人制气排球会采用4人接发球阵型。4人接发球阵型是除1名二传队员不接发球，站在网前或从后排准备插上外，其余4名队员均承担一传任务的阵型。该阵型是五人制气排球比赛最基本的接发球阵型，被大多数的球队所采用，初级水平的球队应采用此阵型。其优点是队员均衡分布，每人接发球的范围相对减少；接发球时，已站成了基本的进攻阵型，组织进攻比较方便，但是队员之间的中间地带较多，配合不默契时容易互相干扰，组织战术较难。

(2) 站位："一二二"阵型站位：是初学者开始进行比赛的最基本站位阵型(见图 3－12、图 3－13、图 3－14)。优点是均衡分布，每个队员接发球的范围相对减少；缺点是发球员之间的交界点相应增多，会出现抢让球或前后排相互干扰的现象。

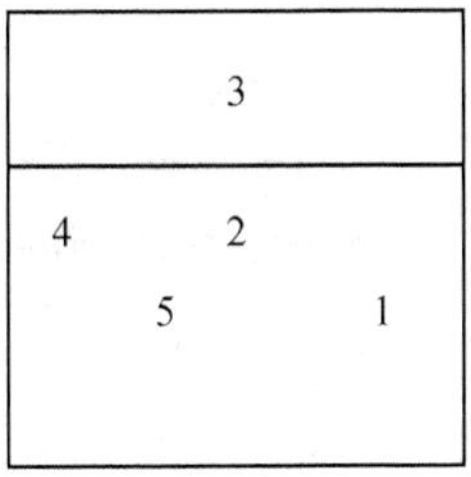

图 3－12 "一二二"阵型站位(a)

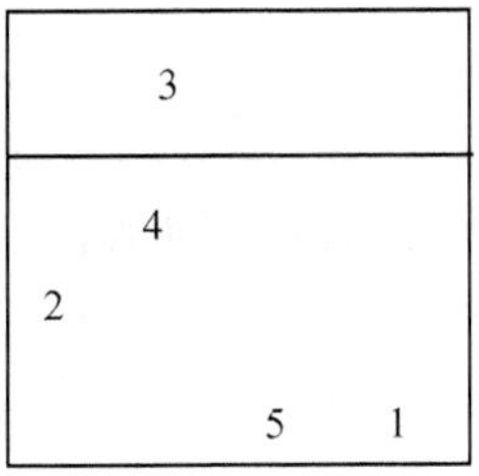

图 3－13 "一二二"阵型站位(b)

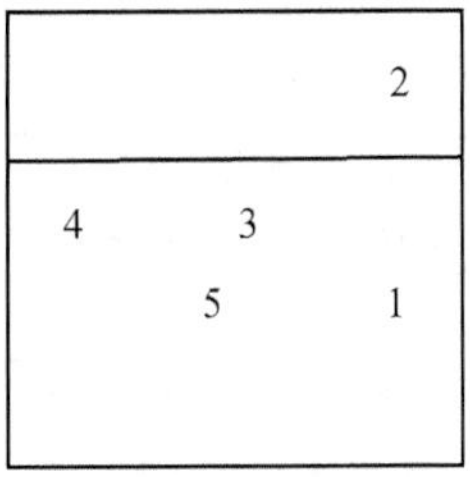

图 3－14 "一二二"阵型站位(c)

"一字"阵型站位：是对付大力发球和平冲飘球的有效形式(见图 3－15)。由于落点集中在场地中、后区，接发球时 4 个队员应"一字"形排开，左右距离较近，一人守一条线，前后互不干扰，加强预判，避免接可能出界的球。

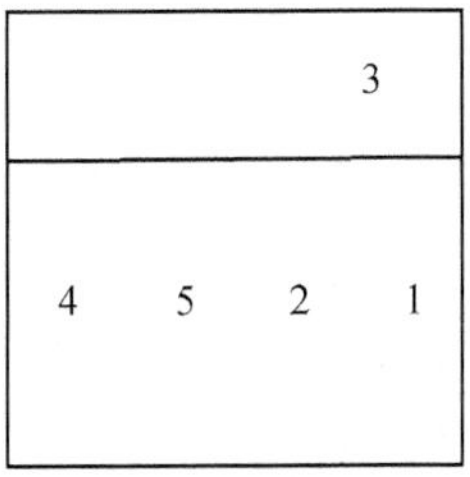

图 3－15 "一字"阵型站位

2. 3 人接发球阵型

(1) 五人制气排球：

① 阵型运用及优缺点：

插上的二传队员与同列的前排队员均站在网前不接发球，其他 3 名队员站成弧形承担一传任务的接发球阵型。其优点是便于后排插上和不接发球的前排队员及时换位，不易造成队员之间接发球的互相干扰。其缺点是对接发球的 3 名队员要求较高，需要他们具备良好的判断能力、移动能力以及较好的接发球技术。球接起后，其余队员积极后撤参与进攻，要求队员能准确把握时机，配合默契。

② 站位：

如对方发球落点靠后，速度平快，则可站成浅弧形(见图 3－16、图 3－17)，或者站成一字形(见图 3－18)。其缺点是二传队员从 5 号位插上时距离较长，难度大。

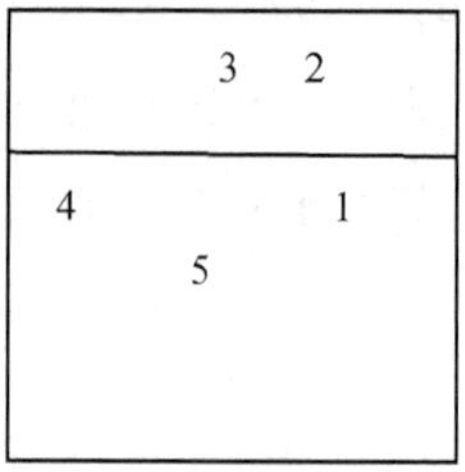

图 3-16　浅弧形(a)

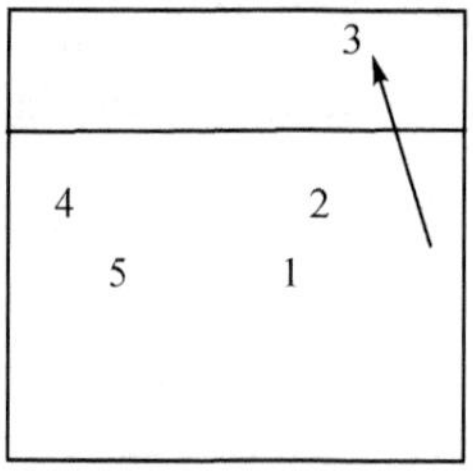

图 3-17　浅弧形(b)

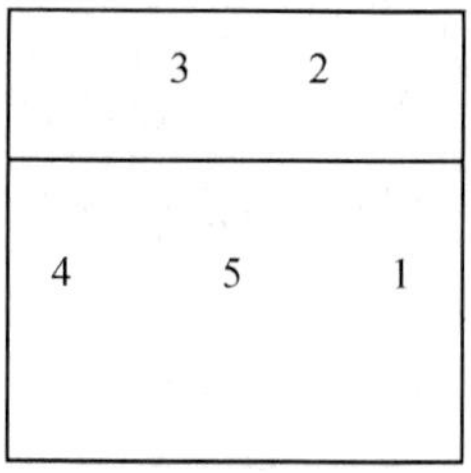

图 3-18　一字线

(2) 四人制气排球：

① 阵型运用及优缺点：

除前排二传或插上二传之外，其他 3 名队员站成弧形承担一传任务的接发球阵型。3 人接发球阵型的优点是不易造成队员之间接发球的互相干扰，但 3 人接发球每人负责的区域较大，对判断、移动等能力要求较高。

② 站位：

除前排二传或插上二传之外，其他 3 名队员站成弧形承担一传任务的接发球阵型。其变化如图 3-19 所示。

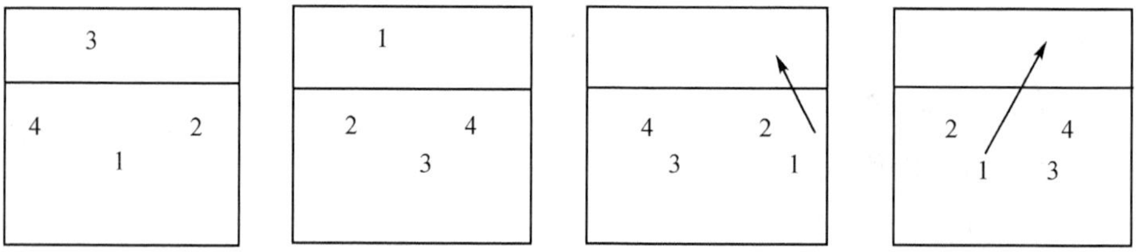

图 3-19　四人制站位变化

(二) 接扣球阵型及站位

1. 概念及分类

接扣球防守阵型是由前排拦网与后排防守组合而成。组织接扣球防守阵型时，首先要针对对方进攻的特点和变化进行部署；其次要充分发挥本方队员的特长，合理地分配力量。同时还要结合本方防守后反攻战术的打法进行布防。

根据参加拦网的人数，接扣球防守阵型可分为无人拦网下的防守阵型、单人拦网下的防守阵型、双人拦网下的防守阵型、三人拦网下的防守阵型。

2. 接扣球不同阵型的站位

(1) 无人拦网下的防守阵型：无人拦网下的防守阵型是一种最初级、最简单的防守阵型，适用于初学者或在对方进攻无力时采用。其站位方法与 4 人或 3 人接发球的站位基本相同，既二传站在网前，其他队员进行防守。

(2) 单人拦网下的防守阵型：一般是在对方进攻威力不大、路线变化不多、轻打吊球较多时，或因受对方战术迷惑而来不及组织集体拦网时采用。其优点是增加了后排防守人数，便于组织反攻；缺点是当对方攻击力较强时，单人拦网力量薄弱。

单人拦网下的防守阵型与无人拦网下的防守阵型相似，只是前排二传队员跳起参与拦网，后排队员根据对方的不同进攻点变换防守位置。

由前排相对应位置的队员拦网，其他前排队员后撤，与后排两名队员形成防守阵型。分别以五人制(图 3－20)和四人制(图 3－21)为例，其中图 3－21 中第二幅图的情况一般由二传拦网。攻手后撤防守，这样方便二传组织以及攻手进攻。

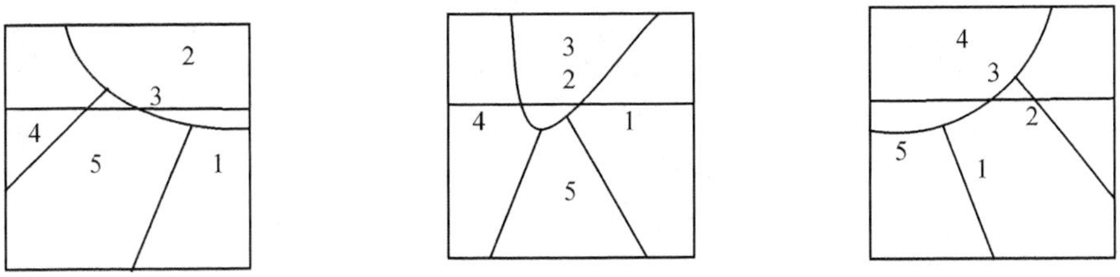

图 3－20　五人制阵型

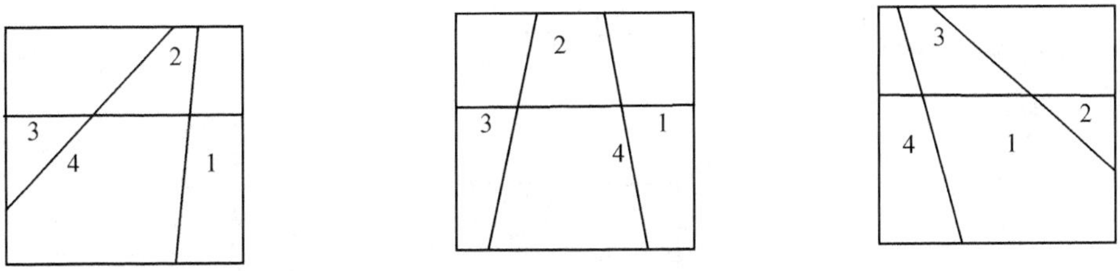

图 3－21　四人制阵型

(3) 双人拦网下的防守阵型：当对方进攻威力较大、进攻路线变化较多、单人拦网不足以阻拦对方进攻时，多采用双人拦网防守阵型。它是接扣球防守中最主要的战术阵型。根据不同参赛人数、不同后排队员跟进防守的情况以及不拦网队员的不同取位，双人拦网下的防守阵型有以下几种：

① 五人制气排球：根据对手进攻点的不同，3 号位队员配合两边的前排队员进行双人拦网，另一名前排队员与后两名后排队员组成防守阵型(见图 3－22)。

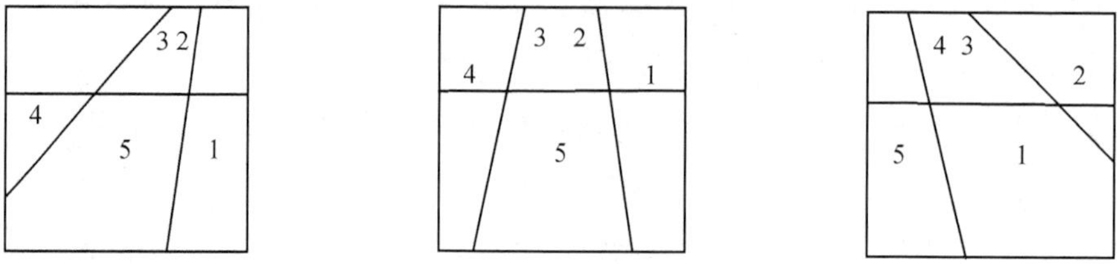

图 3－22　五人制阵型

② 四人制气排球：根据对手进攻点的不同，两名前排队员进行双人拦网，后排两名队员组成防守阵型(见图 3－23)。

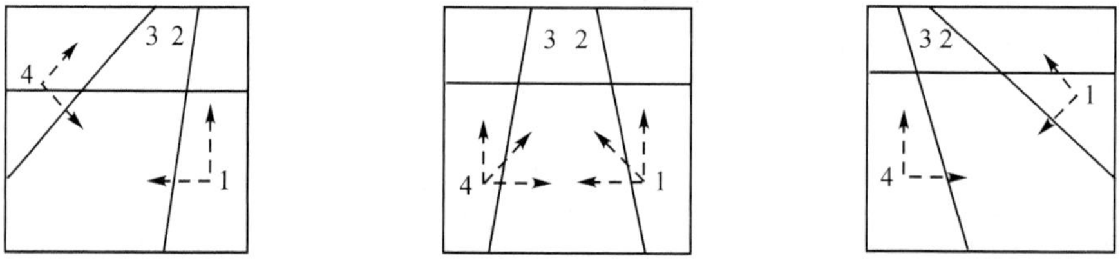

图 3－23　四人制阵型

(4) 三人拦网下的防守阵型：只有五人制气排球才能组成三人拦网，三人拦网防守阵型在对方扣球攻击性强、线路变化多、吊球少的情况下采用。三人拦网加强了第一道防线，但增加了后排防守的困难，组织反攻也有所不便。

根据对手进攻点的不同，前排三名队员组成三人拦网，两名后排队员组成防守阵型(见图 3－24)。

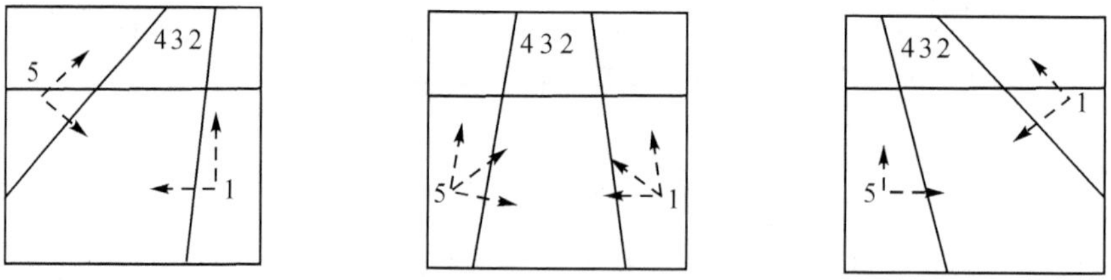

图 3－24　三人拦网下的防守阵型

（三）接拦回球阵型及站位

1. 概念及分类

接拦回球防守阵型，应根据本方的进攻战术、对方拦回的情况以及参加防守的人数来确定。本方扣球队员除了应注意自我保护外，其余队员也必须加强保护，尽量组成多道保护防线，积极防起被拦回来的球，并及时组织继续进攻。

接拦回球一般采用 4 人、3 人等阵型。4 人接拦回球阵型通常运用于五人制气排球，3 人接拦回球阵型通常运用于四人制气排球。

2. 接拦回球不同阵型的站位

（1）4 人接拦回球阵型站位：一般采用"二二"站位。

① 当二传队员将球传给 4 号位队员扣球，由 3 号和 5 号位队员组成第一道防线，2 号和 1 号位队员组成第二道防线。（见图 3－25）

② 当二传队员将球传给 3 号位队员扣球，由 4 号和 2 号位队员组成第一道防线，5 号和 1 号位队员组成第二道防线。（见图 3－26）

③ 当二传队员将球传给 2 号位队员进行扣球，由 3 号和 1 号位队员组成第一道防线，4 号和 5 号位队员组成第二道防线。（见图 3－27）

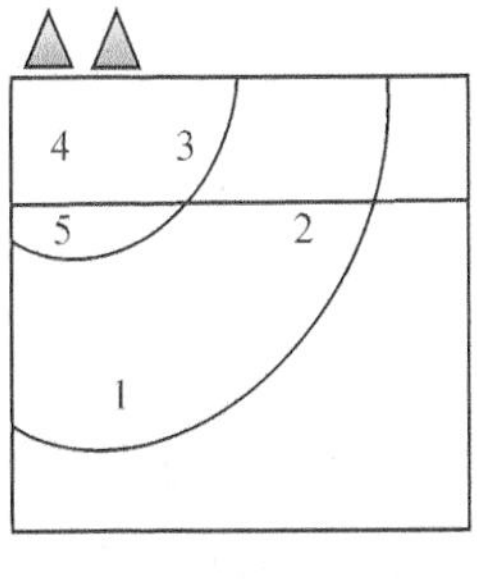

图 3－25　4 人阵型站位(a)

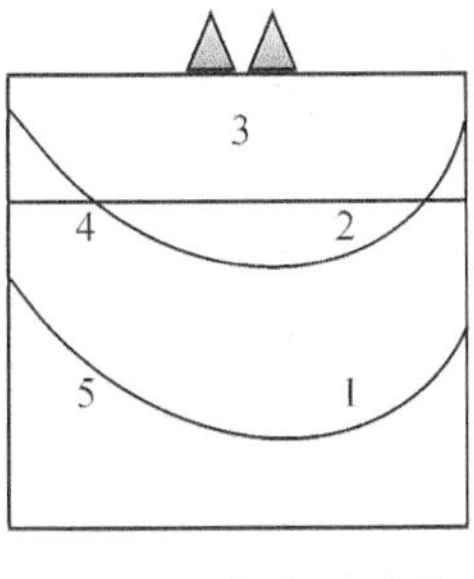

图 3－26　4 人阵型站位(b)

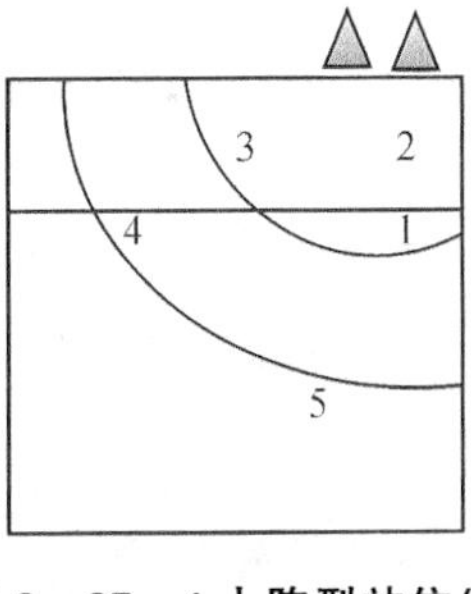

图 3－27　4 人阵型站位(c)

（2）3 人接拦回球阵型站位：一般采用"二一"或"一二"站位。

① 当二传队员将球传给 3 号位队员进攻，则由 2、4 号位队员组成第一道防线，1 号位队员组成第二道防线。（如图 3－28 所示。）

② 当二传队员将球传给 4 号位队员进攻，则由 2 号位队员组成第一道防线，1、3 号位队员组成第二道防线。（如图 3－29 所示。）

③ 当二传队员将球传给 1 号位队员进攻，则由 2、4 号位队员组成第一道防线，3

号位队员组成第二道防线。（如图 3－30 所示。）

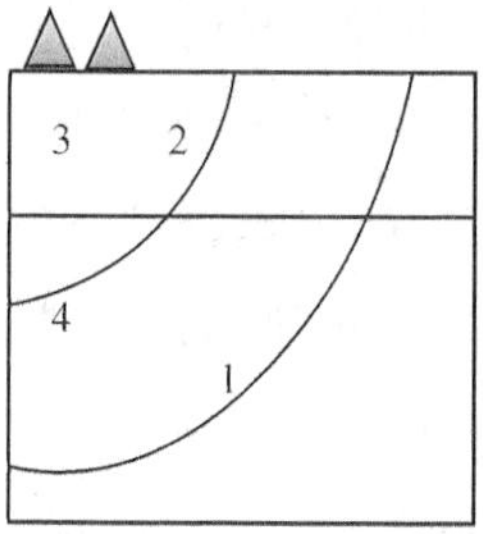

图 3－28　3 人阵型站位(a)

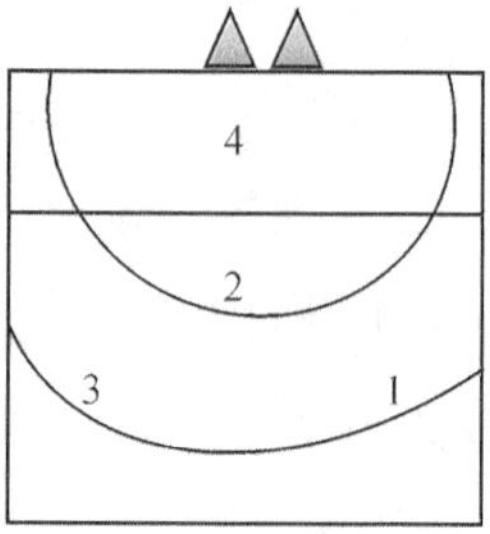

图 3－29　3 人阵型站位(b)

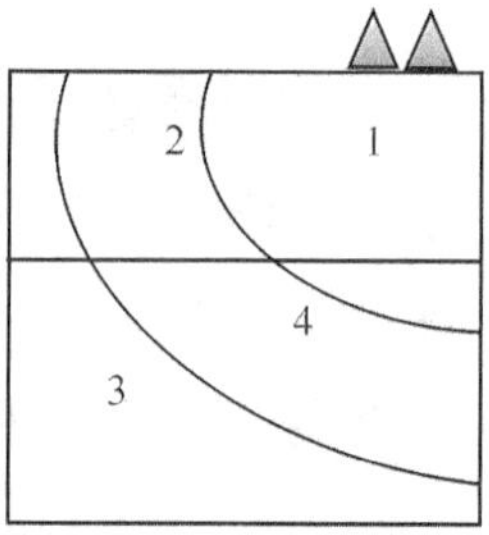

图 3－30　3 人阵型站位(c)

（四）接传、垫球阵型

如对方一传将球垫飞，接应队员将球调整在中、后场附近，第三次无法组织有效进攻时，可将球调整到中场附近，因高度限制，采用上手平传过网的方法，本方队员应提前做出预判，后排二传要及时插上到网前，前排队员不需要拦网，迅速后撤或换位便于防守反击，站成 4 人或 3 人接球阵型。抓住这种“机会”球，尽量组织多点进攻战术。接对方传、垫过网的球，根据其运用的时机、条件以及来球性能的差异，可采用 4 人、3 人接球阵型。

第六节　集体战术的教法与训练

一、进攻战术

（一）教学难点

对于初学者来说，教学难点集中在各进攻战术的站位、转位和位置交换。因此教学重点应集中在一些简单打法上，比如对强攻、快攻等进行专门性练习，以利于迅速熟悉自己的位置和职责。对于有一定基础的学生来说，进攻战术的教学难点是强攻、快攻、两次进攻的有机结合。在这一阶段，学生已经熟悉了自己的位置和责任，而如何根据对方的情况打出不同的战术球就成为教学的关键。

(二) 教学顺序

首先学习“中二传”进攻战术，然后学习“边二传”进攻战术，最后学习“插上”进攻战术。在学习这三种进攻战术的同时，应结合学习相应的进攻配合，再逐步练习各种难度较大的进攻打法和复杂的战术配合。

(三) 教学步骤

1. 讲解与示范

(1) 讲解：教师首先讲解进攻战术的名称及其特点、基本阵型及打法、不同位置的站位分工及职责。

(2) 示范：采用沙盘、挂图或请 5 名学习人员现场实际演示等方法，让学习者对进攻阵型建立直观的概念，然后在半场上按进攻战术的要求，进行不结合球的模仿站位与跑动路线练习，让学生初步体会和明确各位置的分工与配合方法。

2. 组织练习顺序

(1) 徒手模仿进攻战术站位。

(2) 结合球在简单条件下的练习。

(3) 结合球在复杂条件下的练习。

(四) 练习方法

1. “中二传”进攻战术的训练方法

(1) 徒手模仿进攻战术站位：教师让学生站在自己半场上按“中二传”进攻阵型站位，然后进行徒手的模仿跑动和轮转位置练习，熟悉“中二传”进攻战术各位置的跑动线路、分工及配合方法。

(2) 结合球在简单条件下的练习：

练习一：教师在 5 号位向 3 号位抛、传球，3 号位二传队员将球交替传给 4、2 号位队员扣球，扣球后相互交换位置。

练习二：场上 5 名学习者站成“中二传”接发球站位阵型，教师从对区抛球，学习者接发球练习“中二传”进攻战术。

练习三：场上 5 名学习者站成“中二传”接发球站位阵型，教师从发球区抛球或下手、上手发球组织“中二传”进攻战术。

(3) 结合球在复杂条件下的练习：

练习一：场上 5 名队员按“中二传”接发球站位，接教师从发球区发来的上手球。学生接发球组织“中二传”进攻战术，但在进攻队员扣球时要求附近队员跟进保护，以提高队员的保护意识。

练习二：方法同上。发球一方增加 1 名或 2 名拦网队员，给进攻一方增加网上的难度。

练习三：方法同上。但在接发球后，全队立即转入接拦回球进攻的练习。

练习四：5 对 5 教学比赛，进行攻防对抗练习。教师在场外抛球给场上任一方队员，然后双方进行“中二传”进攻和防反练习。

2. “边二传”进攻战术的练习方法

(1) 徒手模仿“边二传”进攻战术站位练习：教师让学生站在自己半场上按“边二传”进攻阵型站位，然后进行徒手的模仿跑动和轮转位置练习，熟悉“边二传”进攻战术各位置的跑动线路、分工及配合方法。

(2) 结合球在简单条件下的练习：

练习一：教师在 1 号位将球抛向 2、3 号位之间二传的位置，2、3 号位之间的二传队员把球传给 4 号位或 3 号位，分别由 4 号位或 3 号位的队员轮流扣 4 号位一般高球和 3 号位的半快球练习，进攻后互相交换位置。

练习二：学生分别站在 4 号位、3 号位准备扣球，由 3 号位队员将球传给 2 号的二传队员，二传队员将球传给 4 号位或 3 号位的进攻队员扣球。

练习三：学生分别站在 4 号位、3 号位准备扣球，教师从发球区或对方场区抛球或轻发球组织“边二传”进攻战术。

(3) 结合球在复杂条件下的练习：

练习一：场上 5 名队员按“边二传”接发球站位，教师从发球区发来的上手球组织“边二传”进攻。

练习二：方法同上。发球一方增加拦网，给进攻方增加网上难度。

练习三：方法同上。接发球“边二传”进攻后，立即进入接拦回球反攻练习。

练习四：3 对 3 组织“边二传”进攻与防守练习。

练习五：5 对 5 进行“边二传”攻防对抗教学比赛练习。教师在场外随时向场内任一方抛球，然后双方进行攻防对抗练习。

练习六：方法同上。教师连续向一方发 10 次球后，再换向另一方连续发 10 次。

教师每次发球后，学生要转动一次位置。通过5对5的对抗攻防练习，提高战术的运用能力。

3.“插上”进攻战术的练习方法

（1）徒手模仿进攻战术站位：教师让学生站在自己半场上按“插上”进攻阵型站位，然后进行徒手的模仿跑动和轮转位置练习，熟悉“插上”进攻战术各位置的跑动线路、分工及配合方法。

（2）结合球在简单条件下的练习：

练习一：教师在5号位向5号或1号位抛、传球，后排5号或1号位二传队员快速插上将球交替传给4、3、2号位队员扣球，扣球后相互交换位置。

练习二：场上5名学习者站成“插上”接发球站位阵型，教师从对区抛球学习者接发球练习“插上”进攻战术。

练习三：场上5名学习者站成“插上”接发球站位阵型，教师从发球区抛球或下手、上手发球，组织“插上”进攻战术。

（3）结合球在复杂条件下的练习：

练习一：场上5名队员按“插上”接发球站位，接教师从发球区发来的上手球。学生接发球组织“插上”进攻战术，但在进攻队员扣球时要求附近队员跟进保护，以提高队员的保护意识。

练习二：方法同上。发球一方增加1名或2名拦网队员，给进攻一方增加网上的难度。

练习三：方法同上。但在接发球后，全队立即转入接拦回球进攻的练习。

练习四：5对5教学比赛，进行攻防对抗练习。教师在场外抛球给场上任一方队员，然后双方进行“插上”进攻和防反练习。

4.“中三”进攻战术的练习方法

（略）

5.“边三”进攻战术的练习方法

（略）

二、防守战术

防守战术主要包括接发球防守、接扣球防守、接拦回球防守和接传垫球防守。

（一）教学难点

对于初学者来说，防守战术的教学与训练难点是让学习者根据本方拦网队员的情况正确地落位。一般来说，初学者多采用双人拦网，此时，一名队员要防对方吊球，另外3名队员每人卡住一条线防扣球。对于有一定训练基础的学习者来说，防守战术的教学与训练难点是让其综合对方扣球和本方拦网情况，正确地落位和及时地补位。

（二）教学顺序

（1）接发球防守：五人制先学习“中一二”和“中二二”接发球的全队防守，然后学习“边一二”和“边二二”接发球的全队防守。四人制先学习“中三”，然后学习“中二二”。

（2）接扣球防守：先学习单人拦网下的防守战术，再学习双人拦网下的防守战术，最后学习3人拦网下的防守战术。

（3）接拦回球防守：依次学习4人、3人、2人的接拦回球防守战术。

（4）接传垫球防守：根据对方采用传垫球时的情况和时机，依次学习4人、3人等接传垫球防守战术。

（三）教学步骤

1. 讲解与示范

（1）讲解：教师首先讲解防守战术的名称、特点，防守的基本阵型及跟进方法，队员的职责及相互间的配合，防守与反攻的衔接等。

（2）示范：运用挂图、沙盘或请5名学生现场实际演示等方法，使学生了解防守阵型的组成、每个防守位置的职责和防守队员之间的配合方法等。

2. 组织练习顺序

（1）徒手模仿站位。

（2）无对抗条件下的练习。

（3）简单对抗条件下的练习。

（4）较激烈对抗条件下的练习。

（5）比赛条件下的练习。

(四) 练习方法

1. 接发球防守练习方法

(1) 徒手模仿站位练习：让 5 名学生在半场上按防守位置徒手站位，然后依次轮转 5 轮。练习时可以随时让学生说出自己的位置。

(2) 结合球的练习：让 5 名学生在半场位置站位，教师在另一侧发球，学生接发球并根据分工组织进攻。学生成功组织进攻 3 次后轮转一个位置，教师继续发球，学生练习。需要注意的是，为有效地练习学生的防守站位，教师发球宜简单。

2. 接扣球防守练习方法

(1) 徒手模仿站位练习：让 5 名学生在半场上按防守位置徒手站位，然后依次轮转 5 轮，使学生明确每一轮、每一个位置的分工和职责，能够根据对方和本方情况进行合理的取位。

(2) 不拦网下的防守练习：教师隔网站在高台上扣球或吊球，学生在无人拦网的情况下进行防守和反攻练习。

(3) 结合拦网的防守练习：教师隔网站在高台上扣球或吊球，学生单人或双人拦网。教师有意识地把球扣（吊）给 1、2、4、5 号位的学生，学生防守后组织进攻。

3. 接拦回球防守练习方法

(1) 徒手模仿站位练习：让 5 名学生在半场上根据对方和本方情况进行跟进落位练习。需要明确的是，所有参与进攻战术的学生都应该积极地选取位置接拦回球。

(2) 结合球的练习：学生组织各种徒手的进攻战术，教师拿球轮流在 4 号位、3 号位和 2 号位隔网站在高台上模拟拦回球喂球，学生跟进保护并组织一次有球的进攻。

4. 接传垫球防守练习方法

(1) 对方进攻时的站位练习：当对方一传将球垫飞，跟进保护队员将球调整到中后场附近，第 3 次无法组织进攻时，学生应练习快速后撤和换位，可以采用 5 人防守，尽量组织多点进攻战术。

(2) 对方垫球过网时的站位练习：当对方传垫球直接过网时，前排队员已经来不及后撤，则由后排队员组织防守，此时可以练习二次球进攻或组织多点快攻。

(3) 对方有意识地传垫球过网时的站位练习：当对方一传或二传击球，并有意识地突然传垫球过网时，本方应在接扣球防守阵型的基础上，积极补位防吊。在这种情况下，应充分发挥 4 号或 3 号位队员快攻战术配合的作用。且学生须注意力集中，随时准备防守对方的传垫吊球。

第四章 气排球体能训练

本章主要介绍气排球练习者身体训练的意义、生理学依据；介绍了不同年龄气排球运动员体能训练的特点、内容、要求和体能训练的发展趋势；详细介绍了气排球练习者力量、速度、耐力、协调、灵活、柔韧等素质的练习方法，全面身体训练的理论和原则；同时还介绍了气排球运动员专项运动能力、弹跳能力、移动能力和手臂挥击能力的训练方法。

第一节 概 述

体能训练是指通过科学地施加专门的训练刺激，使运动员有机体在形态、机能和运动素质等方面都产生良性训练适应的训练过程。换言之，体能训练是指人体在艰苦的环境中，长时间、高强度、大负荷持续地对工作能力的训练，它突出对人体各器官和机能系统的超负荷适应训练，旨在产生机能和心理适应，以达到整体运动能力和培养顽强拼搏精神的目的。

气排球运动员体能是指为创造优异运动成绩和提高运动水平而必备的身体能力，是气排球运动员在训练、比赛过程中，身体形态、机体机能、运动素质的综合体现。

一、体能训练的作用和意义

运动训练学中所称的竞技能力也叫比赛能力。气排球运动员比赛能力是气排球运动员的体能、技能、智能和心理能力的有机结合。其中体能是气排球运动中竞技能力的基础，是气排球竞技能力的重要组成部分。运动素质是体能能力在某一方向的表现，是体能的构成因素，也是运动实践中评价和检查体能水平的常用指标。气排球体能训练是人体器官和体能系统的结构和机能能力上的适应性再塑造工作，是气排球运动员心理意志品质的再塑工作，气排球比赛实践对运动员体能的要求永无止境，应努力达到最高限度，以促进气排球运动技术水平的不断提高。

气排球体能训练的作用和意义主要表现在以下几个方面：

1. 有利于掌握复杂、先进的技术

气排球体能训练实际上是使运动员有机体各器官系统功能协调发展，具有完备的从事专项竞技运动能力的过程。气排球运动员除了要有强大的力量基础外还需具备高超的技术，而这种技术依赖于体能的高度发展。总之，气排球运动员只有在充分发展各项运动素质的基础上，才能很好地掌握复杂、先进的技术，体能训练正是实现这一目的的基本保证。

2. 体能训练有利于承受更大负荷的训练和高强度的比赛

现代竞技运动竞赛频繁，竞争激烈，气排球运动员要在重大比赛中夺取胜利，创造优异成绩，只有通过大负荷的运动训练，长期对有机体进行生物学改造，掌握娴熟的专项技术、战术才能达到。从第一届奥运会到现在，运动训练已经经过了自然发展阶段、新技术广泛运用阶段、大运动量阶段和多学科综合利用阶段。科学训练阶段的一个重要特点是将现代科技成果运用于运动训练，科学系统地监测气排球训练过程，并在此基础上保证气排球运动员大负荷训练。通过体能训练能够对此打下坚实的基础，并使气排球运动员在不断加大负荷的情况下承担训练和比赛对有机体的一切要求。

3. 体能训练有利于运动员保持良好的心态，创造优异成绩

竞技能力是取得优异成绩的主导因素，是由身体形态、身体机能、运动素质、技术、战术、心理和智力因素所决定的。在当今气排球竞技比赛中，运动员的心理状态成为决定比赛胜负的关键因素之一。比赛越激烈，水平越接近，心理素质越显得重要。而良好的体能能够保证气排球运动员在激烈的对抗中具有一定的优势，使得运动员在比赛中能够有良好的心态，为创造优异成绩奠定基础。超常的体能是气排球运动制胜的重要法宝。

4. 体能训练有利于促进运动员身体健康，预防伤病，延长运动寿命

健康是气排球运动员从事运动训练的必要条件，良好的健康状况是气排球运动系统训练的根本保证。体能训练能够有效地提高气排球运动员内脏器官特别是心血管系统、呼吸系统机能，增强骨骼、肌肉、肌腱和韧带等运动系统的功能，并使中枢神经系统机能得到明显改善；同时，对于克服人体生物惰性、促使新陈代谢都具有极为重要的作用。而上述作用能够有效地提高机体对外界环境的适应能力和对疾病的抵抗能力，从而有效地促进气排球运动员的身体健康，预防伤病，延长运动寿命。

发展与提高气排球运动员的体能必须通过有计划、有目的的科学训练才能实现。

二、体能训练的生理学依据

为使体能训练取得良好的效果，在选择方法和手段时必须考虑气排球比赛对身体素质和机体机能的要求，而这种要求必须符合运动生理学原理。

从能量代谢的角度看，人体工作时的能量来自三个供能系统：一是无氧非乳酸供能系统，它可使肌肉活动在较高的水平上支持5～10秒，如短跑；二是无氧乳酸供能系统，工作时间在20～30秒，有时持续1～2分钟，如400米跑项目；三是有氧供能系统，即在氧气充分供应的情况下提供能量，工作时间往往在2～3分钟或更长时间，如长距离的运动项目，有氧供能是基础。

气排球比赛属间歇运动形式，即短时间爆发式的身体运动被短暂的间歇休息分隔开。短时间、爆发式的扣球、拦网主要是无氧非乳酸系统供能。而短促的动作重复，或连续的多回合争夺，则是无氧乳酸系统供能居主导地位。从这个角度来看，气排球主要取决于无氧供能系统，但从气排球比赛无时间限制、势均力敌的比赛时间可达两个小时以上这点看，提高有氧供能能力同样不能忽视。

由此可见，三套供能系统构成了气排球运动员身体活动供能的结构体系。气排球运动员的体能训练都应该围绕着三套供能系统展开，当然，同时应该紧密结合气排球专项运动的特点。

在气排球比赛中，大多数情况下，一个对抗周期的延续时间为7～8秒，其变化范围为5.7～10.3秒。在这一周期中，磷酸原系统（ATP－CP系统）功能占主导地位，即在运动开始阶段，运动员有足够的磷酸肌酸储备。“死球”或暂停、换人和局间休息时，是由有氧系统供能，且使磷酸肌酸得以不断地恢复。若连续多回合的对抗，则乳酸系统供能在保持运动员工作能力中居主导地位。随着每球得分新赛制的执行，决定胜负的无氧供能主导地位更加突出。

气排球比赛中心率变化的结果表明，气排球比赛中运动员的平均心率为100次/分，最高心率可达150次/分。根据心率对运动负荷强度划分的理论，气排球高水平比赛的负荷强度基本上属于中等强度的负荷，一般水平的竞赛属于中等偏下强度的负荷。

三、不同年龄段气排球运动员体能训练的特点及要求

(一) 老年气排球运动员身体特点及体能训练要求

(1) 中枢神经系统：神经系统的兴奋和抑制过程呈不平衡状态。抑制过程占优势,表现为不好活动,精力不足。因此,在体能训练中要注意合理调动身体的积极性,安排好运动量和训练方法。

(2) 骨骼系统：老年人骨骼的承受力和张力优于青少年,但骨密度差,骨质易疏松。因此,在体能训练中要注意不要使身体局部负担过大,力量训练时要注意负荷安排,避免大重量的练习,不宜在水泥或沥青场地反复进行跳跃练习。

(3) 肌肉系统：老年人肌肉开始萎缩,肌肉的收缩和弹性也开始下降。因此,在发展肌肉力量时,宜多做多种徒手练习、小负重和不剧烈跳跃练习来发展肌肉力量。

(4) 心血管系统：随着年龄的增长,老年人的心脏容量、容积以及心率不断发生变化。60 岁后,心收缩力开始减弱,血管弹性与血压水平均呈下降趋势。因此,在对老年人进行体能训练时应合理安排运动负荷,不宜做持续而紧张的耐力性练习,间歇次数要多些,而应多做些促进血液循环系统功能的练习。

(5) 呼吸系统：呼吸系统衰老的主要变化是肺泡壁变薄,肺泡增大,肺毛细血管数目减少,肺组织弹性下降以及呼吸肌无力等。于是,造成肺泡扩散有效面积减小,肺残气量增加和肺活动量下降。因此,在运动中注意依靠增加呼吸频率来提高肺通气量。

(二) 中年气排球运动员身体特点及体能训练要求

(1) 中枢神经系统：主要表现为精神活动比较平稳,对情绪性刺激的反应不像青年时期那样剧烈,体现出经验丰富、尚有较充沛的精力等特点。但是,在各方面知识更加丰富、理解力增强的同时,记忆力逐渐下降,反应速度也不如青年时期快。在训练活动中要安排好运动量,注意运动状态的调整。

(2) 骨骼系统：主要是骨骼的脆性增加,骨质容易增生,易发生骨折和多种骨关节病,运动中要注意骨骼的安全。在气排球训练活动中,注意运动状态的调整。

(3) 肌肉系统：肌肉张力开始下降,脂肪附着增多,肌肉易疲劳。

(4) 心血管系统：中年人血管壁的弹性降低,血管运动功能和血压调节能力减

弱;由于血液胆固醇浓度随着年龄增大而增高,可引起心脏动脉及脑动脉的粥样硬化;当血管病变到一定程度时,引起心脏和脑的供血不足甚至缺血,造成冠心病和脑血管病。因此,在对中年人体能训练时应合理安排运动负荷,不宜做持续而紧张的耐力性练习。

(5) 呼吸系统:呼吸系统功能的变化主要是肺的扩张和收缩能力下降,使肺活量减少,呼吸功能减弱。在气排球训练活动中应注意掌握活动量,注意活动的环境、空气质量。

(三) 青少年气排球运动员身体特点及体能训练要求

(1) 中枢神经系统:青少年队员神经系统的发育优于其他系统,神经活动的兴奋和抑制过程呈不平衡状态,兴奋过程占优势,表现为活泼好动,精力充沛;由于新陈代谢过程旺盛,疲劳也容易恢复,模仿能力较强,容易建立条件反射,但动作不够协调精确、不巩固,易消退,神经活动中第二信号系统的活动还不完善、抽象思维能力较差。因此,在体能训练中要多做示范,多采用直观形象的手段与方法,使他们能直接感觉到形象和各肌肉本体感觉,形成正确的动力定型。

(2) 骨骼系统:青少年队员骨骼迅速增粗和加长,一般平均每年长 7～8 厘米(有的长 10～12 厘米)。12～14 岁的女少年和 13～15 岁的男少年处于性成熟的前期,骨骼的生长速度加快,骨的成分比成年人胶质多,钙质少,未完全骨化,骨的弹性和韧性较好,但承受力和张力不如成年人。在体能训练中要注意身体的全面发展。防止局部负担过大,多做对称性练习,并用多种方法交替进行。这一阶段宜做速度跳跃的练习,促进骨骼的增长。力量训练时要注意负荷,避免大重量的练习或过多采用静力训练,不宜在水泥或沥青场地反复进行跳跃练习。

(3) 肌肉系统:青少年队员肌肉中水分较多,蛋白质含量较少,随着年龄的增长,肌肉中的蛋白质含量逐渐增加,肌肉的收缩和弹性也随之提高,但柔韧性相对降低。肌肉的重量也随年龄的增长而增长,8～12 岁肌肉生长速度开始加快,尤其是 15～18 岁增长最快。在 12～15 岁阶段肌肉主要是纵向增长,肌肉雏形是细长的,与成年人相比,肌肉横断面积较小,肌肉的收缩力、伸展性、弹性和耐抗力不如成年人。因此,在发展肌肉力量时,宜多做多种徒手练习以及不负重的跑和跳跃练习来发展肌肉力量。从 15 岁开始,适当增加负重量。发展力量应以动力的练习为主,宜多做助跑起跳、变向移动、挥臂击球等练习。要增强肩、膝、踝和腰背肌、腹肌的力量,多做一些带有爆发性而又能很快自然放松的练习。要注意发展小肌肉群的力量，保证身体得到全面发展。

(4) 心血管系统：青少年队员心肌纤维短而细，肌纤维之间的间质较少，心脏重量比成年人小。随着年龄的增长，心脏的重量、容积及其心率不断变化，到 18 岁时接近成年人水平。心收缩力较弱，心输出量较小，但新陈代谢旺盛，交感神经系统占优势，心率比成年人快，心脏功能和神经系统的调节均不及成年人，但血管弹性优于成年人，血压比成人低，16～17 岁时血压接近成年人水平。因此，在对学生进行体能训练时应合理安排运动负荷，少儿队员不宜做持续而紧张的耐力性练习，随着年龄的增长，可逐渐增加耐力训练的比重，但练习密度可大些，间歇次数要多些。13～14 岁以后可以承受较大的运动负荷，但要循序渐进、区别对待，应多做一些促进血液循环系统功能的练习，例如，间歇竞赛跑游戏、抢断球游戏、踢足球等活动，以提高血液循环和呼吸机能。

(5) 呼吸系统：青少年的呼吸系统处在生长发育的过程中，他们的呼吸频率较快(12～13 岁为 12～14 次/分)、呼吸深度和肺通气量均比成年人低，屏气时间较成年人短；随着年龄的增大，呼吸机能逐渐提高。因此，在进行体能训练时，要突出以强度为主的间歇性训练，避免强度较大且持续时间较长的练习。训练强度应循序渐进，不能要求过急。要培养他们加大呼吸深度以及使呼吸与动作配合的能力，尽量减少屏气活动。

(6) 女队员青春期：女队员从 11～13 岁开始就进入青春期，在生理和心理上产生了较大的变化，在经期进行体能训练时，容易使她们在精神上产生恐惧和紧张感。因此应严格遵守区别对待的原则，对月经期反应正常的队员，可以进行适当的训练，但要合理选择体能训练内容，减少或避免剧烈的跳跃、静止用力、猛烈的收腹、收腿动作和长时间屏气动作。经期适量训练，能促进血液循环，调节大脑皮质的兴奋和抑制过程，有利于减轻或消除经期中的不良反应。对刚出现月经期和月经期没有训练习惯的队员应注意循序渐进，逐步提高她们适应训练的能力。经期训练应避免做跨跳、劈腿和剧烈的活动。如发现月经失调，应进行医务检查，调整或停止训练。平时应注意加强腰腹肌和盆底肌的锻炼，可以预防痛经等不适反应，而且对于提高动作的灵活性有很大的帮助。

总体而言，针对不同年龄、不同性别的气排球运动员，制定和采用不同的教学训练任务和内容，科学训练，才能真正做到促进健康，提高运动成绩。

四、气排球体能训练的内容与基本要求

(一) 内　容

体能训练要根据气排球运动的特点,采用专门的训练手段来发展与气排球运动水平有直接关系的专项身体素质、机体机能能力和身体形态。体能训练的主要内容是运动素质训练。

气排球运动员的体能训练分为一般体能训练和专项体能训练。一般体能训练是指根据专项体能的需要,在运动训练中以各种身体练习的形式、训练方法和手段,来提高运动员全面的基础运动素质、增强各器官系统的一般机能和改善身体形态、掌握一般体能训练的理论与实践知识,为运动员专项体能最大限度地提高打好多方面的基础。专项体能训练是指以专项运动动作或与专项运动动作在特点上相似的运动动作作为练习形式,采用各种训练方法和手段,提高专项技术、战术所需要的专项运动素质、机体各器官系统的专项机能,形成专项身体形态、掌握专项体能训练的理论与实践知识,最大限度地提高运动员的专项运动成绩。

从提高气排球运动员专项运动素质的角度来看,体能训练的内容主要有:

(1) 力量素质:包括腰腹力量、腿踝力量、手臂力量、手指、手腕力量等。

(2) 速度素质:包括反应速度、移动速度、起跳速度、挥臂速度等。

(3) 弹跳速度:包括原地弹跳、助跑弹跳、连续弹跳等。

(4) 耐力素质:包括移动耐力、弹跳耐力、速度耐力等。

(5) 灵敏耐力:包括腿、手、腰、腹的协调配合能力及场上的灵活应变能力等。

(6) 柔韧耐力:包括肩、髋、膝、踝、腕等关节活动的范围等。

(二) 基本要求

1. 体能训练必须全面安排

气排球运动需要全面的身体素质,且各身体素质间又彼此联系,相互依存,相互促进,因此在体能训练中要全面安排。在发展专项运动技能的前提下,应全面安排和充分发展运动员的各项运动素质,提高一般身体机能水平。尤其是青少年时期,更应进行全面体能训练。此举不但有助于提高一般身体机能水平,还可减少训练的枯燥感,提高运动员的练习兴趣,对专项训练起调节作用。

2. 科学系统地安排体能训练比重

教练员要根据比赛的准备期，合理系统地规划整个训练过程的体能训练，从内容、比重、手段、负荷等方面也应做出系统安排，尤其是在青少年时期以及达到高水平成绩之后，更应周密考虑。一般来说，青少年运动员体能训练的比重要大些，成年运动员可相应小些。训练的不同阶段，体能训练的比重也应不同，如冬训时体能训练就应小一些。训练的不同阶段对体能训练的侧重也不同，如青少年应多进行全面训练、赛前阶段坚持力量训练等。

3. 处理好体能训练与技战术训练的关系

体能训练与技战术训练，既不是相互对立的，也不可互相替代。体能训练是整个运动训练过程中不可缺少的组成部分。体能训练的内容、手段和方法，应紧密结合气排球技战术的要求，使体能训练能有效地满足技战术对体能的要求。

在一般的基础上，体能训练必须根据技术、战术和专项能力特点充分发展专项所需的运动素质，以促进队员提高专项运动成绩。技术、战术练习是专项训练的重要内容之一，体能训练为技术、战术练习提供基础。掌握先进的技术是发挥训练水平的重要前提，因此体能训练要和专项技术、战术相结合。结合专项进行体能训练，能使运动员在身体形态以及机能方面对该运动项目的特殊要求产生适应，有利于专项成绩的提高。

4. 合理安排体能训练的时间和运动负荷

运动员在大脑皮质处于良性兴奋和精力充沛的状态下进行体能训练效果最好，也不容易受伤。同时，运动负荷安排要合理，既要有一定的强度和密度，又要科学地掌握间歇和休息。

5. 加强体能训练的针对性

教练员在进行体能训练时要善于发现和掌握运动员的个体差异，并采取有针对性的训练手段与方法。体能训练的安排要因人、因项、因时而异。要从训练对象的个人特点、比赛要求、训练条件等实际情况出发进行安排，紧紧围绕提高专项成绩和技术水平这一最终目标进行。同时，又要根据队员的主观和客观条件以及专项需要，合理确定和安排体能练习的内容与负荷。此外，还应使队员的运动素质在各个方面按比例平衡发展，以适应提高运动技术水平的要求。

6. 体能训练的方法和手段要多样化

单调的训练方法使训练枯燥乏味，影响队员的训练积极性，也不能适应气排球运动对体能的要求。对于同一训练内容也要不断变换训练手段与方法，提出不同的要求，如采用竞赛、游戏、测验评比等方法，激发运动员的训练欲望，才能收到良好的训练效果。

五、体能训练的科学发展趋势

（一）重视科学选材和科学训练

科学选材主要是通过遗传学的理论，结合气排球运动的专项要求、探索对气排球运动员形态、生态、心理、智力测试和评价的选材指标和方法，选拔在气排球运动项目上有杰出才能和发展潜力的“专门人才”的研究。

科学训练主要是通过对气排球运动训练的状态和规律的探索，根据气排球运动的特点和训练任务，研究如何采用专门的训练方法和手段，有效地发展专项所需的各种特殊的体能、技能、智能和心理能力，为直接促进气排球运动员竞技能力的全面提高和发展创造条件，同时包括对影响训练的因素，如运动负荷、训练效果的评定，以及训练与竞赛的关系进行研究。

（二）运动生理学和现代医学的研究成果为气排球运动的体能训练提供了科学依据

在当今竞技运动为夺取金牌而拼搏的热潮中，运动生理学也必须为运动实践服务。为此，广大运动生理学工作者走出实验室，到运动场做现场的研究，如监测运动员的生理机能；合理安排运动负荷；探讨加速运动后运动员体能恢复的手段；在不同时间间隔内测量乳酸的含量，为加大运动强度提供依据；研究心肺功能，为运动训练提供参考等。

肌肉收缩强度与运动员负荷的研究成果显示，只要在运动员身体能承受的范围内，运动负荷越大，训练效果越好，但问题是多大的运动负荷是最适合的。训练初期运动能力的提高主要是心肺功能的改善，而高水平运动员能力的提高则主要与骨骼肌的运动能力有关，骨骼肌对大运动负荷训练的承受能力高于心脏的承受能力等。目前正在进行或即将进行研究的内容有：运用分子生物学手段研究运动与基因表达、运动与细胞和能量代谢、运动与自由基和脂质过氧化反应等；应用扫描电镜在平面分析的基础上，根据立体学原理和技术，从结构的二维图像上推导出三维结构参数的立体定量分析；透射电镜通过 X 射线衍射技术对多种细胞器进行较深入的研究；运用核磁共振成像技术评定运动损伤，肌肉体积等形态学指标变化，运用核磁共振谱分析测定机体内的代谢过程；运用同位素研究手段观察机体代谢的动态变化等。可以预测，随着新学科的渗透和新的高新技术手段的运用，运动生理学服务于气排球运动体能训练的领域将会更加宽广。

（三）传统和现代训练方法相结合，训练手段趋向多元化和模式化

当今气排球运动员的体能训练不仅保留了传统的持续、间歇、重复、循环和比赛训练法的精华，而且还引入了电刺激训练、振动训练、核心训练、功能恢复训练等新的方法和多元化手段。例如，为提高气排球运动员的灵敏协调性，广泛采用绳梯、平衡盘、瑞士球训练等，将传统训练和现代训练方法相结合，给传统的体能训练注入了新的活力。再如，根据气排球运动的特点，将核心稳定性训练＋力量训练＋功能性协调训练组合成一种模式，使力量训练的效果向气排球专项技术的用力方式过渡与转换，通过动力性的牵拉有效地排除身体产生的乳酸，恢复肌肉的弹性，大大提高了力量训练的效益。

（四）高度重视功能性训练和高效能的恢复训练

现代气排球运动员的体能训练，已突破单一的传统体能训练模式，走向了功能性训练的发展道路。功能性体能训练更加贴近技术动作模式，强调多关节运动链的作用和人体非稳定状态下的动作稳定性。加强功能性体能训练，对进一步提高高水平排球运动员的竞技能力具有重要作用。

恢复训练在运动训练中一直占有重要地位，在各类运动项目中受到高度重视，教练员均采取多种手段加速运动员训练后的恢复进程。在训练的过程中，从训练内容的安排上就注重合理搭配，如大力量训练完成后安排有氧运动，有利于加速身体机能恢复；大负荷训练后进行形式多样的牵拉运动，有利于训练造成扭转的肌纤维重新归位与排序，这已成为一项不可或缺的训练内容和恢复手段。

（五）注重体能训练的整体性和分化性特征

整体性，是指注重对体能训练中各要素的统筹与优化，注重对神经、肌肉和本体感的功能性训练，注重多关节运动的协调性训练，避免以往单因素（如耐力）、单功能

(如肌肉)、单关节体能训练的局限性。分化性,是指体能训练与专项训练结合得更紧密,方向更明确,训练更细化,体能特征更具专项性。注重气排球运动员体能训练的整体性,就是要在体能训练单个或组合训练手段的选取中,尽可能最大限度地包含气排球比赛所需的各种专项体能,以期达到各种体能最佳的整体协同。而分化性则是要准确地把握气排球运动的供能特点,突出无氧爆发力训练和长时间保持高强度对抗的体能储备。

总而言之,在气排球运动员竞技能力的诸多构成因素中,体能起着举足轻重的作用,跳得更高、进攻更强、移动更快永远是夺取胜利的关键因素,这些都需要以卓越的体能作为基础,体能训练在现代气排球运动训练中的地位毋庸置疑。

第二节　专项体能训练方法

一、发展专项力量的方法

(一) 发展专项力量的练习方法

1. 手指、手腕力量练习

(1) 手指用力屈伸练习。

(2) 手指或手掌撑地做俯卧撑练习。

(3) 手指用力做握小皮球练习。

(4) 单手或双手传足球或篮球。

(5) 身体离墙 1 米左右,用手指做推撑墙动作。

(6) 手持哑铃做腕绕环练习。

(7) 用小哑铃或杠铃做腕屈伸练习。

(8) 提抓铅球或沙袋练习。

(9) 向下抖手腕做拍球练习。

2. 手臂力量练习

(1) 单人各种抛球练习,用前臂和手腕动作将实心球抛起,用另一只手接住,两手交替进行;双手背后将球抛起过头并接住;双手上抛,转体 360°接住;仰卧,双手于胸前向上传球,迅速起立接球;双手持球,弯腰从胯下向后上方抛球,起身接球。

（2）双手或单手持球上举，立姿或跪姿、坐姿，直臂或屈臂做向前、向后抛掷实心球练习。

（3）双人推小车比赛，正反向运动。要求身躯平直，手臂伸直。

（4）俯撑，脚尖固定，两手交换支撑绕圆圈移动。

（5）手倒立推起（在同伴帮助下）练习。

（6）俯撑，手足同时离地做向侧跳跃移动。

（7）双手持哑铃做前平举、侧平举和臂绕环练习。

（8）双手持哑铃肩后屈肘。

（9）徒手挥臂或做掷网球练习。

（10）肩上单手或头上双手掷实心球练习。

（11）自己或在同伴帮助下做侧手翻练习。

3. 腰腹肌、背肌力量练习

（1）单人徒手练习：

① 仰卧起坐、俯卧体后屈、侧卧抱头侧上屈、仰卧举腿、肋木举腿等，可徒手或负重。

② 双手置于头上，上体做前后屈、左右屈或大绕环练习。

③ 仰卧两头起。仰卧，两手臂和两腿伸直，同时向一起靠拢，手指尖触脚背为一次。

（2）双人徒手练习：

① 俯卧，两手置背后，做体后屈，另一人固定其脚部。

② 一人仰卧，双手握住另一人踝部，做快速收腹起，另一人推其脚背。

③ 凳上仰卧，举起两脚放在另一人腰旁，另一人握住其踝部，仰卧者伸直两膝用力起坐，用手拍自己的脚背面，然后双手在头后触地。

④ 左右侧卧起，另一人固定其脚。

⑤ 一人在凳子上做仰卧绕“8”字回环，另一人固定其脚。

（3）实心球练习：

① 双手持球或双脚夹球，在垫子上做仰卧收腹或俯卧折体起。

② 站立或分腿坐地，双手持球做体转和上体大绕环练习。

③ 两手持球，臂上举，做以腰为轴上体后屈的腹背运动。

④ 在垫上仰卧，双脚夹球，举腿到头上或头后，或上挺成肩背倒立。

⑤ 双脚夹球跳起，将球向前、向上或向后抛出。

⑥ 一人仰卧于垫上，在其脚部稍远处站一同伴。同伴把实心球传给仰卧者，仰卧者接球坐起，同时将球用双手回传给同伴。

⑦ 坐在垫上，双手持球，从头上向背后掷实心球。

(4) 杠铃和壶铃练习：

① 做抓举杠铃的练习。

② 斜板仰卧持壶铃或杠铃片做收腹练习。

③ 肩负杠铃或手持壶铃做上体屈伸练习。

④ 肩负杠铃做体前屈、体转、体侧屈练习(小负荷)。

⑤ 双手举一重物(杠铃片、哑铃等)，做腰绕环。

4. 下肢力量练习

(1) 矮子步行走，要求双手摸脚后跟，行走距离视能力的提高而逐渐增加。

(2) 单、双脚跳绳及双摇跳绳练习。

(3) 连续蛙跳、跨步跳、多级跳、单足跳练习。

(4) 连续跳跃跃过一定高度的橡皮筋或栏架。

(5) 跑台阶或双脚连续跳台阶。

(6) 双足纵跳在空中转体。

(7) 站立，两脚交替上踢，膝触胸。

(8) 两人相向半蹲，连续侧滑步移动并做双手胸前传球练习。

(9) 双脚夹球，跳起小腿后屈向上抛球后用手接球。

(10) 在海滩、沙地或木屑跑道上及软垫上做各种跳跃练习。

(11) 肩负队员半蹲起、全蹲起或左右脚交替做高凳上下练习。

(12) 杠铃负重半蹲快速提踵。

(13) 脚挂壶铃，做小腿屈伸练习。

(14) 肩负杠铃坐在凳上，站起，连续做若干次。

(二) 进行力量训练时应注意的问题

1. 循序渐进，逐渐递增训练负荷

根据力量增长快消退也快和增长慢消退也慢的规律，当队员对某一负荷适应后，应增加负荷刺激，使运动员始终处于不适应状态，不断打破旧的循环，建立新的循环。大负荷训练能使肌肉最大限度地收缩，从而刺激肌肉产生相应的肌力，使肌力不断地有所提高。实践证明，每周安排一两次力量训练可保持已获得的力量，只有坚持全年训练，才能使力量得以逐步增长。

2. 全面平衡发展

上下肢、前后肌群要平衡发展，离心收缩与向心收缩要成比例，主动肌、协同肌与对抗肌的放松练习也要纳入力量训练计划中。在一节力量训练课中，其安排应循序从大肌群训练至小肌群训练。在常年或多年的训练过程中，应坚持不间断的小肌群训练。

3. 集中与分散刺激相结合

每次力量训练不应集中某一部位进行，因为集中刺激容易给机体留下较深的痕迹，而且集中刺激过于频繁，容易使局部肌肉产生疲劳甚至损伤。只有将集中刺激和分散刺激结合起来，才能使身体各部位的力量协调发展，相互促进。

4. 训练手段和方法力求多样

任何长时间单一的练习方法都会使队员感到枯燥甚至厌倦，单一练习手段对队员机体的影响不可能是全面的。为了提高队员练习的兴趣，全面增强队员的身体机能，应根据力量训练的任务，结合队员的身心特点，力求训练手段和方法新颖、多样化。

5. 因人而异

要根据不同年龄、形态、场上位置、个体特征等因材施教，循序渐进。在少年期，应主要以克服自身阻力的形式，逐步提高承受负荷的能力，多采用动力性练习，以发展一般力量训练为主。在第一次性发育阶段，应尽量避免对脊柱有负荷的练习，用提高动作速度和改善肌肉协调功能来提高速度力量。在16～18岁阶段，可逐步承受最大力量的负荷训练。力量训练应在精力充沛时进行，因为在身体疲劳时进行力量训练容易受伤。当负荷大或达到极限强度时，一定要加强保护，避免伤害事故的发生。

6. 突出速度

不要片面追求负荷量和难度，关键是在动作正确的情况下选择适宜的负荷强度，重点突出速度。

二、发展专项速度的方法

（一）发展专项速度的练习方法

1. 反应速度练习

（1）起跑练习：看手势或其他信号向各个方向起跑，预备姿势可以是站立姿势，也可以是坐姿、跪姿或卧姿。

（2）追逐跑练习：全队队员分两队面对站立，相距1米左右，看教练手势或其他信号做追逐跑练习。

（3）冲刺钻球：教练员用气排球抛垂直球，队员定点起动，力争在球落地前从球下钻过；或教练员将球突然放手，让球下落并反弹起来，队员在第二次球落地前从球下钻过。

（4）冲刺接球：教练员单手将球高举，队员在3米处准备，当教练员突然抽手让球掉下时，队员冲跑在球落地之前将球接住。

（5）一名队员任意抛球，另一名队员移动接球后抛回。或一名队员抛球，两名队员轮流接球，也可由一名队员抛球，其他队员绕过若干障碍物将抛出的球接住。

（6）转身接球练习：队员面对墙站立，教练员在向队员后方掷出各种变换球的同时发出信号，让队员转身将球接住后再抛给教练员。

（7）垫墙上反弹球：队员面对墙2～3米站立做好准备，教练员用气排球从队员身后突然将球扔到墙上，要求队员将反弹回的球垫起。教练员扔球的角度要根据运动员的反应能力而决定，并掌握好练习的难度。

（8）追赶同伴练习：全队做圆圈跑动报数，做好追人的准备，教练员随机喊1或2，被喊到的队员立即加速追赶前面邻近的队员，要求在外圈一圈之内追到。

（9）主动与被动拦网：两队员隔网相对站立，一人主动甩开对方跳起拦网，另一人力争不被对方甩掉，而与其同时拦网。

（10）听信号反应练习：运用听觉信号，做出各种快速起动和冲刺、移动、变向、急停和跳跃练习。

（11）看手势反应练习：各种距离看手势起跑及冲刺比赛。

① 绕过后面的队员做冲刺跑。

② 绕过后面的队员做一圈半冲刺跑。

③ 绕过前面的队员做冲刺跑。

④ 绕过前面的队员后，再踏起跑线后做转身冲刺跑。

⑤ 前面队员绕后面队员一圈后，后面队员接力起跑冲刺。

⑥ 后面队员绕过前面队员后，前面队员起跑冲刺。

(12) 两名队员各站在篮球板的两个角下，看教练员手势起跳，单手（或双手）摸篮板，然后移动摸罚球线（或气排球场端线），如此往返 3～5 次，看谁完成的速度快。

(13) 移动截球：教练员在网前，队员在中场准备，教练员向各位置抛出各种球，要求队员判断移动，在球未出半场或落地之前将球截获。

(14) 垫起反弹球练习：队员背对墙面站立，自己对墙抛球并迅速转身将反弹球垫起。

(15) 躲避球击：全队队员分成两队，一队站在场内，另一队站在场外，场外队员用一气排球（或多球）掷向场内队员，场内队员进行躲避，被击中者出场或加入场外队，直至场内队员全部被击中。

2. 移动速度练习

(1) 原地快速跑计时练习。

(2) 做原地小步跑或高抬腿跑时，根据教练员发出的信号，突然向前加速跑出的练习。

(3) 结合气排球场地练习各种移动步法：向前做小步跑或各种小碎步跑，向两侧做滑步或侧交叉跑，向后做后退跑或结合视、听觉信号做各种移动的互换练习。

(4) 看手势快速起动，在进攻线和中线之间或端线和进攻线之间往返快速移动。

(5) 根据教练员发出的视、听觉信号迅速起动、移动和制动，看哪个队员在规定的时间内移动距离长。

(6) “米”字形快速往返移动。

(7) 跑中变方向。

① 队员站在距离教练员 10 米的地方，看手势轮流起动跑向教练员。在离教练员 2～3 米时，教练员突然给两侧手势，队员不减速朝指定一侧跑过。

② 同上，从 6 米处自动后退跑向教练员，距 2～3 米时，教练员发口令同时给手势方向，队员听口令转身朝指示方向一侧跑过。

③ 两队员相距 2 米，看手势迅速起动冲向教练员，约冲出 3～5 米后，教练员突然向两侧给手势，如指向右时，则左边队员追向右边队员，要求在 10 米内追上。

④ 第一排五六个队员成纵队直线跑，看手势向两侧跑，看谁先冲出边线。

⑤ 同上，从后退开始，听口令转身，同时看手势向两侧跑。

⑥ 全队相距 2 米，成两行跑，看手势向两侧互追。

⑦ 同上，成两行后退跑，听口令转身，同时看手势向两侧互追。

⑧ 网前 3 米快速移动接起跳拦网练习，以及气排球半场对角线冲刺跑。

⑨ 移动拦网后，后退垫球，再助跑起跳扣球的组合练习；前后、左右连续移动垫球、传球练习。

⑩ 扣球、拦网、调整传球、防守、扣球的组合练习。

3. 挥臂速度练习

(1) 徒手连续快速挥臂练习。

(2) 扣吊球。要求动作放松，并有后振动作，抽打时肩部向上伸展。

(3) 快速挥臂以扣球动作抽打标志物，如抽打树叶时，树叶应在扣球手臂上方最高处，抽打时肩部向上伸展。

(4) 手持羽毛球、乒乓球掷远。

(5) 两人一组，相距 10 米左右，相互单手肩上掷气排球，要求以挥臂扣球动作掷球，并且使球出手后与地面近似平行飞行。

(6) 以扣球手法，在助跑起跳后挥、甩网球、垒球或羽毛球。

(7) 做轻杠铃的提、屈、挺等快速练习。

(8) 两人一组，相距 5～6 米，单手掷实心球。

(9) 用传球动作快速抖动手腕 30 秒～1 分钟，要求小臂放松。

(10) 结合球做挥臂练习。采用一人抛球，另一人扣球，在肩的前上方要有一根橡皮条或绳代替气排球网，每组扣 30 次，两人交换。

4. 起跳速度练习

(1) 连续跨跳、单足跳或蛙跳。

(2) 连续做徒手助跑起跳扣球练习。

(3) 连续跳跃 3～5 个栏架或一定高度的橡皮筋，要求脚落地后立即跳起，连续性和节奏感要强。

(4) 连续起跳拦快球 10～20 次。

(5) 30 厘米台阶跳上跳下 10 次，计时。

(6) 连续跳 3～5 个不同高度的栏架或橡皮筋，要求连接的速度要快。

(7) 教练员按规定的节拍左右移动横杆，队员穿沙衣或手持重物跳过横杆。

(8) 连续起跳扣半快球 10～20 次。

(二) 进行速度训练时应注意的问题

(1) 速度的提高不如力量训练的增长明显，所以速度训练要保持经常性，并对提高动作速度不断地提出具体要求。

(2) 速度训练应安排在队员中枢神经系统处于良性兴奋状态时进行，否则动作的协调性将受到破坏，快速完成练习的能力也会丧失。在每次训练课的前半节，在适应性练习后进行速度练习训练效果较好。训练中应结合气排球运动的特点练速度，应多采用视觉信号，让队员做出相应的反应动作。

(3) 专项速度练习要和专项技术训练紧密结合。专项速度练习可以帮助队员建立专项条件反射，从而能更快地提高专项技术的反应速度。实践证明，反应速度结合气排球场地和球来进行，比单纯练习提高的速度快，所以应结合专门技术练速度，与所采用的技术、战术特点相适应。

(4) 应以多种手段提高速度素质。要以与速度素质相关的其他素质促进速度素质的提高，特别是通过力量素质的训练来提高速度素质。

(5) 在进行速度训练时要注意运动员的年龄和性别差异。初中学龄段是发展速度素质的敏感期。这个年龄段的队员中枢神经系统的兴奋占优势，骨骼增长迅速，柔韧素质相应较好，这些都为提高频率、增大动作幅度提供了条件，应抓住这一时期特别重视速度训练，积极地发展队员的速度素质。

(6) 速度训练可遵循超负荷原则安排在负重力量训练后，利用肌肉剩余兴奋的惯性动员更多的肌纤维参与运动。这样既可训练力量，又可提高速度，使神经始终处于灵活控制中，防止产生动作僵硬和不协调。例如，在进行杠铃训练后立即转入徒手训练，与所运用的技术动作相似或相同的练习。利用肌肉剩余兴奋的惯性动员比平时徒手练习时更多的肌纤维参与运动，提高运动能力。

(7) 进行速度训练时要防止产生不良影响的积累，如做完速度较慢的练习后要安排速度较快的练习，以形成训练的良性转移。

三、发展专项耐力的方法

(一) 增强专项耐力的练习方法

1. 弹跳耐力练习

(1) 连续的小负荷多次数的力量训练。

(2) 规定次数、时间、节奏的跳绳。如5分钟跳绳练习：双脚双摇跳30秒钟，左脚弹跳1分钟，右脚弹跳1分钟，完成两个循环正好5分钟(可根据训练水平调整负荷)。

(3) 连续跳上跳下台阶或高台。

(4) 连续原地跳起单或双手摸篮板或篮圈。

(5) 连续收腹跳8～10个栏架。

(6) 用本人弹跳80%的高度连续跳，20～30次为一组，跳若干组，组间休息2～3分钟。

(7) 个人连续扣抛球，10～20次为一组，扣若干组，组间休息3分钟。

(8) 两人轮流连续扣抛球，30～50次为一组，组间休息2～3分钟。

(9) 3～5人一组，连续滚翻救球，每人30～50次。

(10) 扣防结合练习，队员扣一个球退到进攻线防守一个球，连续进行，10～15次为一组。

(11) 连续移动拦网。队员在3号位原地跳起拦两次，落地后移动至4号位拦一次，再回到3号位拦一次，移动到2号位拦两次，再回到3号位拦两次。如此重复，2～3个循环为一组。

2. 移动耐力练习

(1) 看教练员的手势连续向右前、前、左前方进退移动，2～3分钟为一组。

(2) 36米移动：队员站在进攻线后看信号起动。前进时必须用双手摸到中线，后退时双脚必须退过进攻线，前进、后退、两个来回后接侧身沿步或交叉步移动(不许转身)两个来回，用单手摸线，然后做钻网跑，单手摸对方场区进攻线，折回时单手摸出发线。

(3) 连线的跑动滚翻成鱼跃救球。

(4) 队员连续移动接教练员抛出的不同方向、不同弧度的球。

(5) 单人全场防守,要求防起 15 个好球为一组。

(6) 队员连续移动接教练员掷出的不同方向、不同距离的地滚球。

(7) 个人连续地跑动传球或垫球 10～15 次。

(8) 30 秒移动:距离 3 米左右,连续做 5～8 组,中间间歇 15 秒。

3. 综合耐力练习

(1) 身体训练以后再进行气排球比赛或比赛以后再进行身体训练。

(2) 技术训练以后再进行篮球或足球比赛,或其他游戏活动。

(3) 象征性气排球比赛模仿练习:如队员从 1 号位防起一个扣球,之后前移防起一个吊球,移动到 5 号位调整传球一次,再移动到 4 号位扣球一次,移动到 3 号位做一次拦网动作,后撤上步扣球,再移到 2 号位一次单脚起跳扣球为一组,连续做若干组。

(4) 连续打 5～7 局或 9～11 局的教学比赛,可训练比赛耐力。

(二) 进行耐力训练时应注意的问题

(1) 统筹安排。通常在冬训或一年训练之初多安排一般耐力的训练,作为全面训练的基础;在夏训和赛前可减少一般耐力的训练,增加专项耐力的训练;在比赛期间要酌情安排专项耐力训练,但不宜过多。

(2) 进行耐力训练时应注意年龄特点。队员在身体发育成熟前,应着重发展其有氧耐力,而不宜进行大量无氧耐力的训练。对这一阶段的少年儿童,可根据情况适当穿插一些无氧耐力训练,但其训练强度不能超过大强度,重复次数、组数要少,组间休息要充分,并以掌握较为熟练的技术动作练习为主,以免破坏技术动作结构,影响协调能力的发展。随着身体发育的不断成熟,应逐步加大无氧耐力的比例,为专项竞技能力的提高奠定基础。

(3) 紧密联系气排球专项运动的实际。各种技、战术和身体训练只要安排得当都可以提高耐力,特别是在技、战术训练中,在时间、密度、强度的安排上应有意识地结合气排球耐力训练的要求。在形式上接近实战,在量上要超过实战。采用极限训练法、间歇训练法和循环训练法都能有效地促进耐力的提高。

(4) 耐力训练对队员的意志品质要求较高。坚强的意志能充分发挥队员的内部动因,提高抗疲劳能力,促进耐力训练水平。因此,在耐力训练中要注重队员意志品质的培养。

(5) 耐力训练要持之以恒。耐力素质消退较快,要经常进行耐力训练。每周至少应坚持一次有一定强度的耐力训练,才能使耐力素质得到保持。

四、发展灵敏素质的方法

(一) 提高灵敏素质的练习方法

1. 控制性练习

(1) 两臂同时分别向前、后绕环。按教练员口令,两臂分别做不同顺序、不同起始节拍的动作。左手前平举,右手在体侧不动;左手上举,右手前平举,手侧平举,右手上举;左手下放体侧,右手侧平举;左手不动,右手还原。

(2) 两足开立和并拢连续跳跃,双手从体侧平举至头上击掌,最后还原。

(3) 分足跳时,双手头上击掌,并足跳时,双手侧平举。

(4) 连续交换单足跳跃。前踢腿时,双手触足尖;后踢腿时,双臂上振,反复进行。一条腿前踢,落地后换另一条腿后踢。

2. 单人垫上练习

(1) 连续做前(后)滚翻练习。

(2) 做左右侧滚翻练习。

(3) 做鱼跃前滚翻练习。

(4) 做直体前扑——手掌胸前击掌——推起穿腿——蹬足练习。

(5) 做前滚翻——左(右)横滚动——快起——原地鱼跃——跪跳起练习。

3. 双人及多人垫上练习

(1) 双人前滚翻练习。

(2) 双人鱼跃横滚翻前进。

(3) 三人两边交叉鱼跃横滚翻。

(4) 三人两边鱼跃前滚翻练习。

4. 橡皮筋垫上练习

(1) 高度 1 米左右(也可根据队员弹跳高度确定),双脚跳起收腹将橡皮筋踩下,再接前滚翻,或接跪跳起,或接鱼跃前滚翻。

(2) 一定高度的侧手翻过。

(3) 双脚跳过橡皮筋接跪跳起后再跳过橡皮筋。

（4）两条橡皮筋，跳过一条后接俯卧撑，跪跳起后再跳过另一条。

（5）一高一低两条橡皮筋，中间距离尽可能小些，做鱼跃前滚翻，从中间过，要求上下不得碰橡皮筋。

5. 弹跳板练习

（1）原地或助跑高跳，做收腹展腹练习。

（2）做前、后或左、右分腿跳。

（3）做前屈体摸脚面。

（4）两次转体、落地后接前滚翻或接鱼跃前滚翻。

6. 结合场地和球的练习

（1）根据不同信号，队员分别做快速起动、制动、变速、变向及跳跃、滚动等动作。

（2）队员做拦网落地后，接鱼跃或滚翻垫球，再上步扣球。

（3）队员做前扑——向后撤步移动——向前单足蹬地鱼跃——向侧后滚翻的组合练习。

（4）持球躺在地板上，自己向上抛球后立即起立将球接住。

（5）将气排球用力向地面击打，待其反弹后从球下钻过，反弹一次钻一次，力争钻的次数多。可以两人比赛。

（6）每人一球，连续运球，从教练员拍球中钻过。

（7）三人一组，中间队员分别接两边队员的平抛球做向后倒地传球。

（8）两人一组，一人侧传另一人抛来的低平球后接滚翻，若干次后交换。

（9）两人一组，一人跳传另一人抛来的球后接着做立卧撑，若干次后交换。

（10）教练员灵活运用扣、吊或抛球的方法支配球的速度和落点，队员判断翻动取位将球回传（垫）给教练员。

（11）教练员灵活运用扣、吊球手法，将球击到边（或端）线附近，队员移动垫球，界内球接，界外球不要接。

（12）网前拦网一次，转身退到进攻线救一个球，然后回到网前传一个球。

7. 游戏性练习

（1）两人相对站立，做相互躲让或击打对方背部的游戏。

（2）喊谁捉谁：在气排球场内，全队分散站，教练员喊谁的名字，大家一起跑过去捉他。教练员突然喊另外一名队员的名字，大家又改捉这名队员。教练员可以连续喊不同队员的名字，使全队队员不停地跑起来。

(3) 听哨音捉人：全队分为两人一组，一人为 1 号，一人为 2 号，可任意跑动。教练员吹一声哨，1 号追 2 号；吹两声哨，2 号追 1 号；吹三声哨，大家都停住不动。

(4) “老鼠”出洞：大家手拉手站成圆圈。圈内两人为“鼠”，圈外 4 人为“猫”。“猫”不让“鼠”出洞，“鼠”互相配合把“猫”晃开，从两人手下钻出就算出洞一次，以出洞 3 次为胜。在出洞过程中被“猫”摸到，则这次出洞无效。大家轮流担任“鼠”和“猫”的角色。

(5) 叫号折回跑比赛：队员分 3 排在端线后按 1、2、3、4 号站好。教练员喊号，3 排中被喊的队员一同跑到规定距离折回，先到者得 1 分。教练员可任意喊号，也可以重复喊号，最后得分多的队获胜。

(6) 活动球篮的篮球赛：两队篮球赛，每队由 3 人手拉手做成一个“篮”，可以在本队半场内自由跑动，但不能缩小篮圈。其他人可以互相传、抢球，争取投进对方的“篮”，但接球的人不能运球跑，只能传。

(7) 持球跑 3 次后仰接力赛：全队可分为 3 组进行。第一人持球在端线外预备，听信号后起动，双手持球向前跑，每跑到进攻线及端线时，须后仰一次，要求球不得离手，手不得扶地，在端线外站起后把球抛回本组第二人。第二人接球后必须在端线外后仰一次，或拿球触及端线再起跑。最先跑完的队获胜。

(二) 进行灵敏素质训练时应注意的问题

(1) 气排球运动中的灵敏性由判断能力、反应速度、移动速度、爆发力和协调性几种素质与气排球技术结合而成。灵敏性训练要求队员注意力集中，动作准确快速，因此应把灵敏素质训练放在课的前半节进行。

(2) 灵敏性训练要注重对腰、腹、背的训练，它们是连接上下肢的纽带。各种全身活动都离不开它们的配合，对于身体的灵活性起着重要的作用。

(3) 灵敏素质训练应以视觉信号为主。在气排球运动中，运动员的灵敏性反应多来自对已观察到的情况的判断，根据观察与判断及时地做出动作反应，所以要积极发展运动员的观察能力，提高他们神经系统的反应能力。

(4) 根据年龄特点，安排好灵敏性训练。13～14 岁以前，通过训练来发展灵敏素质可以取得较大的效果；15～16 岁是快速生长期，灵敏性增长较慢；到 18 岁以后灵敏性又以稳定的速度增长。训练中要根据运动员的生理特点和实际情况，抓住灵敏性发展的规律和时机，科学地安排训练，才能取得良好的效果。

（5）灵敏性训练的内容和动作设计应考虑到气排球技术动作的需要。如滚翻、前扑、鱼跃、起立、起跳、空中动作、击球、转体等，应紧密结合技术的实际，使灵敏素质的提高能更直接地应用到实际比赛中。

（6）灵敏素质是由多种素质结合而成的，不是单独训练就可以完全获得的。因此，在训练灵敏性时，应注意与其他素质训练结合进行，以取得更好的效果。

五、发展柔韧性素质的方法

（一）提高柔韧性素质的练习方法

1. 发展手指、手腕的柔韧性

（1）两手相对指尖向上互触，反复弹压练习。

（2）压腕练习。

（3）手持短器械做腕绕环练习。

（4）队员一手侧扶肋木，两腿前后分开，脚跟着地并固定，做前、后转腕练习。

2. 发展肩关节的柔韧性

（1）两臂前后绕环和上下摆振练习。

（2）手扶墙（或肋木）压肩、压腰练习。

（3）在单杠和肋木上做单拉、双拉肩练习。

（4）两人相对，手扶对方肩部，同时做体前屈压肩练习。

（5）背对肋木坐下，两手从头上握住肋木，两脚不动，腰尽量向前挺起，持续数秒钟。

（6）两人背向站立，双手互握，左右侧拉。

3. 发展腿部的柔韧性

（1）两腿交换做前、后、左、右摆振练习。

（2）各种踢腿动作：向前踢、向后踢、向侧踢等。可以徒手做，也可以扶墙、树干或肋木做。

4. 发展腰、髋的柔韧性

（1）上体弹振前后屈（后屈时加弹性阻力和保护）。

（2）双手握单杠或吊环做腰回旋动作。

（3）队员背对背直臂互握，平举或屈肘互勾做大幅度体转动作。

(4) 正压腿,侧压腿(地上或肋木上)。

(5) 纵劈腿,横劈腿。

(6) 屈腿坐下,两脚掌心相对,双手将膝关节向下弹压。

(7) 背向双手头上握肋木,双脚固定做腰、髋前挺练习。

5. 发展踝关节的柔韧性

(1) 跪坐压踝。

(2) 负中等重量,踝关节做屈伸动作,如提踵。

(3) 脚放在高约10厘米的木板上,足跟着地,做负重全蹲练习。

(4) 踮起脚尖,做踝关节的绕环练习。

6. 其他练习

(1) 俯卧背后击掌和仰卧挺腰练习。

(2) 在各种凹凸形地面或器械上连续跳跃和跑动练习。

(二) 进行柔韧性素质训练时应注意的问题

(1) 柔韧性素质不仅与性别、年龄有关,而且与中枢神经系统的兴奋性有关。经过一定时间的准备活动以后,队员情绪高昂,体温升高,肌肉内部的黏滞性降低。膝关节软骨增厚,所表现出来的柔韧性也较好。因此,柔韧性素质的训练应安排在课的前半部分,尤其要在队员精力充沛、情绪高涨时进行效果最好。

(2) 柔韧性训练要适应专项的要求。气排球运动所表现的柔韧性,不仅仅反映在某个动作中某一关节或身体某一部位上,它往往牵扯到两个或两个以上的关节和身体部位。因此在训练时要对包括主要柔韧性活动区在内的各相关关节、部位进行训练。同时,还要根据队员关节结构和体态的差异,结合专项技术适当加大其活动范围,但不能过度训练和提出过高的要求,避免因与技术要求不相符或过度训练引起伤害事故。

(3) 应注意提高队员的协调能力。柔韧素质在某种程度上取决于运动机体的协调能力。队员在做动作时,各部位动作是否协调一致,使各部位动作按技术要求达到舒展程度,以及在完成动作中的主动肌收缩、对抗肌充分放松等,都与协调能力有关。此外,对柔韧性训练中协调能力的培养可以提高肌肉的舒展性,降低肌肉黏度,改善肌肉张力,把肌肉练得柔而不软,韧而不僵。

（4）柔韧性训练要经常练习，使肌肉和韧带的伸展性不断得到发展。少年儿童的关节面角度大、软骨厚，韧带较松弛，肌肉的伸展性较好，且女生优于男生。在青少年时期开展柔韧素质的训练效果好，经过训练提高快，但停止训练后消退也快。所以，柔韧性训练要坚持不懈并持之以恒。

（5）气温对柔韧性有一定的影响。天气暖和、全身发热时柔韧性较好；天气寒冷、身体发冷时柔韧性差。为取得好的训练效果，进行柔韧性素质训练时，要注意外界温度的高低。当气温较低时，准备活动要充分，以身体轻微出汗为宜。

第三节　专项运动能力训练方法

一、弹跳力的训练理论与方法

（一）弹跳力训练的意义与特点

弹跳力是指运动员的跳跃能力。它是运动员速度、力量、协调能力的综合表现，也是各运动专项评定爆发力的重要指标。弹跳力是气排球运动员最重要的专项身体素质，在某种程度上决定着运动员运动水平的高低。因此，教练员和运动员都应特别重视弹跳力及弹跳耐力的训练。

从力学的观点看，决定弹跳力的因素是速度和力量。发展速度素质或力量素质都能有效地提高运动员的弹跳力。由于增长力量比较容易，提高速度比较困难，因此，目前，我国气排球运动员弹跳力的训练多侧重于力量素质的训练。

弹跳力虽以力量、速度为主要素质基础，但身体的协调能力和起跳技术也不容忽视。常见有速度、力量指标都不低的运动员弹跳力水平却不高，其原因多在协调能力和起跳技术方面。在跳跃动作练习和技术练习中，教练员应仔细观察每个队员起跳的各技术环节并及时纠正其错误动作。

在全过程多年训练的基础训练阶段，发展弹跳力的力量素质训练应重视数量刺激，以促使运动员增大肌肉，发展力量；在专项提高阶段，则应重视强度刺激，以促使肌肉质量的提高，达到提高力量的目的。

力量训练具有专门化的特点。因此，做负重下蹲练习时，动作结构与动作要求都应与专项运动技术的跳跃动作相同或接近。有研究表明，如果力量训练的动作结构与专项技术动作结构及练习要求有较大差异，练习效果就会下降甚至出现消极转移现象。

足弓在跳离地面前的瞬间发力，人体已经获得一定的加速度，此时，足弓的推力会更加加快起跳的速度，有助于提高弹跳高度。因此，弹跳力训练不仅要练股四头肌，而且要重视腰背肌肉及小腿力量的训练。腰背肌群的用力是在起跳动作的开始阶段，对于克服人体的惰性、提高起跳的初速度有重要作用。我国抓举运动员叶浩波纵跳高度 140 厘米，这与其强劲的腰背肌肉力量有着密切关系。

（二）增强弹跳力的练习方法

1. 徒手练习

（1）左右脚交替向前做跨跳练习。

（2）两腿深蹲连续向前做蛙跳练习。

（3）连续垂直跳起在空中做快速收腹练习。

（4）原地向前、向后、向左、向右做直膝连续跳跃练习。

（5）半蹲、全蹲纵跳起。

（6）原地连续做直膝向上跳练习。

（7）垂直跳起在空中做转体 180°、360°练习。

（8）单脚前跳，落地后立即双脚跳回。

（9）高台跳下后立即做冲刺跑练习。

（10）半蹲姿势从高台跳下后，立即再跳过低障碍物。

（11）利用高台或跳箱做连续跳上跳下（单、双脚）练习。

（12）双脚连续做左右跳过长凳前进的练习。

（13）连续双脚跳越 3～5 个栏架。

（14）单、双脚向上跳跃，抱膝或分腿跳，之后双脚落地。

（15）立定或助跑 1～2 步的跳高或跳远练习。

（16）以跨跳步行进或双脚向斜前方跳跃，也可单脚左右交叉跨跳步前进。

（17）做双脚连续向上方跳，跳起后收腿或展腹，或前后分腿胯下击掌。

（18）双线跨跳，两条线相距 50 厘米。

① 双脚跨出、跨进、向前或向后连续跳。

② 双脚两边跨越前进跳。

③ 单脚两边跨越前进跳。

④ 左脚跨过右线、右脚跨过左线跳。

(19) 从 40～100 厘米的高台上跳下，再迅速跳上另一高台。或先双脚跳上一高台，跳下后又立即跳上另一高台。

(20) 连续做扣球或移动拦网练习。

(21) 从高台上跳下后，立即再跳起做拦网或扣、吊球。

2. 结合气排球进行的各种起跳练习

(1) 摆臂起跳的模仿练习。

(2) 摆臂与起跳的节奏练习。

(3) 助跑与踏跳的结合练习。

(4) 助跑与起跳空中平衡与滞空能力的练习。

(5) 变向助跑起跳与跑动助跑起跳扣球练习。

(6) 连续助跑起跳与跑动助跑起跳扣球练习。

(7) 跳起空中连续拦扣球的练习。

(8) 网前连续移动追拦吊球。

(9) 45°角快速助跑至网前起跳，在最高处接抛球。

(10) 低网原地起跳扣自抛球。

3. 结合其他器材进行的练习

(1) 做后排助跑起跳、挥臂向对方场区掷垒球练习。

(2) 原地或助跑起跳摸篮球板(或一定高度的物体)。

① 跳起单手连摸。

② 跳起两手交换摸。

③ 跳起两手同摸一个位置后换摸另一个位置。

(3) 两人跳接球练习。要求在空中跳接后立刻在空中传出。

(4) 连续两边来回移动起跳。

① 摸篮板的两个角。

② 摸两个吊球。

③ 双手拦同伴在网上举着的两个球。

(5) 肩负杠铃提踵。地面上放一块约 5 厘米厚的木板，队员前脚掌站在木板上，脚跟站在地面上，肩负杠铃，抬头，挺胸，腰肌收紧，做提踵练习。如选用大重量时，要在杠铃架上练习。

(6) 肩负杠铃跳跃。用下肢最大力量的50%为负荷量,队员膝关节角度为130°~140°,跳跃高度为15厘米,按规定的次数和组数进行练习。

(7) 肩负杠铃半蹲起。下蹲时身体要保持挺直,膝关节的角度不要小于120°。杠铃重量一般应控制在最大负荷的75%左右,整个动作由下蹲至直立,速度不要快,要慢慢地完成动作。

(8) 仰卧双足蹬起杠铃。

(9) 各种重量的抓举和挺举。

(10) 连续快速拉起一定重量的杠铃,要充分伸展髋、膝、踝等关节。

(11) 半蹲姿势跳起上抛3~5千克的实心球,要使用伸髋、膝、踝的力量上抛而不是只靠手臂的力量。

(12) 助跑单脚或双脚起跳摸高,连续摸高练习。

(三) 进行弹跳力训练时应注意的问题

(1) 弹跳力水平较多地依赖于力量素质,而力量素质易消退。因此,弹跳力的训练需要多年规划和全年规划,常抓不懈。在全年计划中要安排好每一阶段的训练重点,一般情况下冬训期间弹跳力训练比重应大些,而且多采用力量素质练习的训练方法,比赛期间可减少弹跳训练,但结合气排球技术的弹跳比重应增大。即便在过渡期也要保持一定的力量训练,以维持或提高队员的弹跳力水平。

(2) 发展弹跳力应从发展肌肉力量开始,当具备一定水平后,应同时并举地发展肌肉力量和收缩速度。弹跳力水平主要是通过爆发力表现出来,采用大负荷强度训练是提高爆发力有效的方法,但要根据具体情况因人、因时而异。初学者的弹跳力训练宜采用数量上的刺激,对有一定训练水平的队员宜采用强度刺激。在队员精力不集中或疲劳时,不能勉强进行。要充分做好准备活动,防止受伤。

(3) 发展与弹跳力相关的主要肌群的速度性力量训练,即大腿前群肌肉和小腿后群肌肉组成的伸膝肌群、屈足肌群和腰背伸肌肌群的爆发力训练。同时还要注意踝关节、脚掌等小肌肉群及韧带的爆发力训练。要使身体各部分的爆发力真正为跳得高、跑得快、滞空时间长服务。在弹跳力训练中加强对协调性的训练也是必不可少的内容。注意安排一定数量的超等长训练。发展弹跳力的方法较多,其中超等长训练是使弹跳力提高较快的一种方法,如多级蛙跳、跳越栏架、跳台阶和跳深等。但运用超等长练习方法时要慎重，要在队员有一定的力量基础时才可使用，并与其他方法结合使用，以免因训练过度造成伤害。

（4）发展弹跳力与专项技术相结合。在弹跳力训练中所选用的练习，应与气排球动作结构和用力性质相一致，这样所发展的力量不需转换，可直接运用于专项技术。因气排球运动中各种击球活动的时机、方法变化较大，要适应这些变化就必须加强专项弹跳技术的训练。

二、移动能力的训练理论与方法

（一）移动能力的特征

移动能力是指气排球运动员接受信号的能力、应答刺激信号的选择能力、移动的动作速度、耐力和与之相适应的身体形态、各器官系统的技能总称。

气排球运动员的反应能力分为简单动作反应能力和复杂动作反应能力。

简单动作反应能力是指用早已熟悉的动作回答早已熟悉但突然出现的信号的能力。如气排球运动员用双手垫击接教练员扣球的防守练习。提高简单动作反应速度的机制在于：

（1）简单动作反应速度存在着转移的现象。即运动员对一些情况反应较快，对另一些情况也会有较快的反应。各种各样的动作速度练习可提高简单反应速度。

（2）简单动作反应速度的提高在很大程度上取决于运动员应答动作的熟练程度。

（3）简单动作反应速度与心理训练因素密切相关。例如，注意力集中训练可以提高简单动作反应速度。

复杂动作反应是指对瞬间的变化做出相应动作的回答。复杂动作反应在气排球比赛中大部分属于“选择”反应。一是对球的飞行路线的变化做出反应；二是选择应答动作的反应。如气排球运动员用双手垫击接教练员扣球的防守练习中，教练员突然改扣为吊，运动员首先是对吊球动作做出反应，然后选择接吊球的防守动作，并用确定的防守动作，如滚翻或前扑完成救球练习。复杂反应能力的提高机制在于：

（1）以简单反应能力为基础。

（2）全面、熟练地掌握某种特定信号刺激的各种可能的应答动作。

气排球运动员的复杂反应能力只有主要通过结合球的技术性练习加以提高，才能最大限度地提高训练的效果。

移动速度是指单位时间内完成某个移动动作或移动某段距离的能力。移动的速度耐力是指保持移动速度的能力。

移动的速度和耐力主要取决于完成移动动作的肌肉的力量、爆发力和耐久力。因此，提高移动速度能力的机制在于：

(1) 用负重练习提高完成移动动作的肌肉力量、速度力量。

(2) 用负重练习或增加助力的练习提高移动动作的完成和速度。

(3) 用大量的重复性练习提高移动动作的协调能力和耐力。

(二) 移动能力的训练内容与手段

1. 反应能力的训练内容与手段

气排球运动员的反应能力是指气排球场上根据双方队员行动的变化和球飞行的位置、速度的变化所迅速做出选择性应答的能力。这种能力通常叫作“综合反应时”。

科研工作者测定气排球运动员的综合反应时不如短跑运动员快，并不是因为其神经反应(即传导)慢，而是由于其肌肉收缩的速度比短跑运动员慢。而田径运动员在气排球场上的综合反应时不如气排球运动员快，这是因为田径运动员没有全面熟练地掌握气排球运动员所具备的应答动作。因此，简单动作的反应能力主要取决于对完成反应动作的肌肉的收缩速度，复杂动作的反应能力主要取决于对刺激信号的应答动作的熟练程度。

反应能力中的神经过程的提高是很慢的，主要取决于先天的遗传，而且有随年龄增长而减慢的趋势。由于气排球运动信号感十分强烈，对反应速度要求很高，故应早期加强训练。

2. 反应能力训练手段示例

(1) 根据信号起动冲刺练习。可进行 3 米、6 米、9 米等不同距离的练习，多次重复。

(2) 游戏——全队转移：6 人一组，分两组沿两个半场的进攻线站立，接收信号后，两组交换位置，比哪一组先到。

(3) 游戏——抢球：队员成纵队站在进攻线后，看信号冲刺去抢端线上的三个球。谁最先抢到就可以将球存入本队的球筐内，比赛结束后比哪队抢得的球数量最多。

(4) 教练员任意抛球，要求队员跑动去接，接球后抛还给教练员。反复做 8～10 次。

(5) 游戏——照镜子：两人相对站在场上任何一条线的两侧。一人移动，另一人紧跟，不使对方"逃脱"。

(6) 游戏——贴膏药。(略)

(7) 游戏——老鼠钻洞。(略)

(8) 守门员。教练员连续给 5 个球，守门员一一将球接住。

(9) 队员连续防守 3～5 个扣、吊相间的球。

(10) 面对墙壁，接教练从背后抛到墙上的反弹球。

3. 移动速度、耐力的训练内容与手段

(1) 提高移动速度的力量练习内容：

单位时间内身体移动的距离就是移动速度。移动速度除了移动动作的协调性之外，还要克服较大的身体惯性（运动员从静止状态到迅速移动）和运动冲量，这需要腿部有强大的力量素质作为基础。

移动动作是两条腿轮流交替支撑完成的。每条腿的支撑动作又可分为缓冲和蹬伸两个运动过程。腿部蹬伸的力量与爆发力（速度力量）由伸髋（背部肌群的爆发力）、伸膝（大腿前、后群肌肉爆发力）、伸踝（小腿后群肌肉爆发力）等运动动作构成。缓冲能力取决于发展伸髋、伸膝和伸踝等肌群的离心收缩能力。

发展移动动作的最大力量和速度力量的方法手段与发展跳跃动作的最大力量和速度力量的方法手段基本相同。所不同的是完成力量练习动作的要求，如关节角度有所不同，这里就不再重复叙述。

(2) 提高移动速度及速度耐力的练习内容：

① 各种小碎步移动。

A. 原地小碎步跑计时。

B. 小碎步各个方向上的 3 米移动。

② 多种步法移动。

A. 36 米多种移动步法练习。

B. 前进、后退移动步法练习。

C. 左、右侧移动步法练习。

D. 结合球的各种基本步法练习。

三、手臂挥击能力的训练理论与方法

(一) 手臂挥击能力的特征

手臂挥击能力是挥臂的力量、速度、耐力和与之相适应的身体形态、技能的总称。手臂挥击能力是决定气排球运动员扣球和发球技术水平的关键因素。手臂挥击的动作结构是躯体、上臂、前臂和手掌等多个运动环节共同组成的一个鞭打动作。鞭打动作的生物力学特征是,发力的顺序依次进行,鞭打动作的力量、速度、冲量、动量等由上一个运动鞭打动作末端环节的运动速度带动并达到最大值。

气排球运动员在跳起扣球时,腰部首先发力,然后肩带肌群、上臂肌群、前臂肌群依次发力。腰部发出的力量通过肩带传递到上臂,并与上臂肌群的力量累加,然后向前臂传递,再通过与前臂的力量累加传递至手掌,使手掌的动作速度达到最大值。手掌触球后将鞭打动作的动量传递到球体上,将球击出。

球被击出后运动速度取决于参与鞭打挥臂各环节的质量(重量)和鞭打动作结构末端的挥甩速度即挥臂速度。而挥臂速度取决于参与鞭打动作的各环节肌群的力量、爆发力及挥臂动作的协调能力。

因此,发展和提高腰部肌群、肩带肌群、上臂肌群、前臂肌群的绝对力量、爆发力(速度力量)和挥臂动作的协调性是提高手臂挥击能力的关键所在。

(二) 发展手臂挥击能力的训练内容与方法

发展挥臂动作各环节力量的内容示例如下:

(1) 腰部的屈伸:负重前屈起、负重后屈起等。

(2) 肩的外展与内收:负重前收臂、负重后伸臂、负重水平侧举等。

(3) 上臂屈:负重推举、引体向上、负重屈前臂、负重头后前伸臂等。

(三) 发展挥击整体动作的挥臂速度和协调能力的训练内容与方法

(1) 挥臂击球。

(2) 挥臂扣击标志物(如树叶)。

（3）扔投小石子、棒球或垒球。

（4）投掷羽毛球。

（5）牵拉皮条挥臂。

（6）前抛实心球。

（7）持铃挥臂。

第五章　气排球运动员心理、智能特征及训练

在运动或竞赛过程中，不单单包括了肌肉和肢体活动，还包括了大脑和心理机制的形成和各种复杂的思维活动，还包括运动员的个性心理特征等在其所从事的体育活动中起着重要的作用。在气排球运动中，虽然技能及竞技能力起着主要作用，但运动员稳定的心理状态、冷静的思维能力、在临场状态下专注于技术细节的能力以及应变能力等，对技战术的发挥也能起到非常重要的促进作用。本章通过对气排球运动员专项心理特征、心理训练方法等的介绍，使读者对心理能力与训练有初步的认识，并能够掌握基本的心理训练的方法，以便其能够更好地参与到这项运动中。

第一节　专项心理特征

气排球项目运动员的心理活动特征，是指在一定的遗传素质的基础上，通过长期的专项实践而形成和发展起来的从事气排球运动所必须具备的各种心理活动的特征。通过对气排球运动员所从事的专项实践活动本身固有特征的分析，可以在一定程度上揭示其心理特征。

一、活动结构和活动条件

气排球运动的活动结构和活动条件决定了气排球运动员的专项运动心理特征。

从活动结构上看，气排球运动是一种由运动员运用各种技术动作组合成的具有身体间接对抗和心理直接对抗性质的竞技运动项目。发球、垫球、传球、扣球和拦网等动作是气排球运动中的基本结构单位，也是实现各种战术行动的具体方法。构成气排球运动的行动按其具体的目的可分为两大类，即进攻行动和防守行动。在实施进攻或防守行动时，各种不同战术行动的运用与动作的组合方式，取决于双方特点以及气排球运动中各种具体的主客观活动条件，这就是气排球运动的活动结构。

从主客观活动条件来看，运动员要实现的各种技术动作和战术行动，是在规定场地和竞赛规则的限制条件下、对手的积极对抗条件下进行的。完成任何一种技术动作和战术行动都受到自身的生理和心理因素的制约，都受到时间、空间和对抗条件的限制，都必须具有准确性、目的性、全面性、迅速性、突变性、协调性、协同性和紧张性。在气排球运动中，运动员所要实现的各种技术动作和战术行动，是在与对手的心理直接接触并在自己和同伴的积极配合、协作活动，以及与对手积极对抗的条件下进行的，完成任何一种技术动作和战术行动都将受到对手的积极阻碍和干扰。因此，必须具有强烈的战术意识，必须迅速、准确地感知和判断，灵活、果断地抉择，主动、适时地反应。在气排球运动中，运动员在比赛中所要实现的各种技术动作和战术行动，都是在高度紧张和异常激烈的竞争过程中完成的，特别是气排球竞赛是短时间的高强度运动与短时间的间歇交替组成的长时间活动，活动的结果以记分定胜负，基本不受时间限制等。因此，运动员完成任何一种技术动作和战术行动都必须与其情绪、意志和个性品质相联系。运动员对各种主观刺激是以其相应肌肉系统的协调活动形式组成各种基本技术动作做出应答的。它是以动作的多样化、精细化，动作结构的变异以及简单反应和复杂反应的迅速性、准确性、灵活性和敏捷性为特征的。

从运动员对各种主客观刺激的应答过程来看，它是由知觉刺激物、归纳动作类型（表象再认）、了解与揭露对方的意图并做出预见、选择相应有效的应答动作及实现动作等因素组成。其中，最重要的是对外界刺激物准确迅速地感知、预见和应答的能力。

此外，气排球运动的专项心理特征还与竞赛不断朝着高水平的方向发展有关，这种发展方向将从不同角度和不同层次对气排球运动员的专项心理特征提出更高的要求。

鉴于气排球运动员的专项心理特征不仅表现在认知、情感和意志等心理过程的各个方面，也表现在个性心理特征的各个方面，是气排球项目专项心理特征中不可分割的两个方面。

二、运动员的认知心理特征

气排球运动因其自身具有的项目特点，要求运动员在完成各种技术动作和战术行动时，稳定而有效地集中、分配和转移自己的注意力；通过自己的各种感觉器官准确而又迅速地感知场上环境的变化以及自身运动的状况;在瞬息万变的情况下,正确地判断场上的变化情况与动向,适时地采取对策,迅速准确地调节自己的行动来实现自己的战术行动等。这就需要运动员形成和具备各种空间知觉、时间知觉、运动知觉的准确性,球感,注意的集中、分配、转移,思维的敏捷性,灵活性和正确性等心理能力或心理品质,这些心理能力或心理品质构成了气排球运动员的感知过程的心理特征、注意的心理特征和思维过程的心理特征。

(一) 感知过程的心理特征

气排球这项运动是以各种形式的击球为核心,通过对球施加动作实现直接对抗。在进行气排球运动的全过程中,直接参与和调节控制击球动作的心理机能有视觉、肌肉运动觉、平衡觉、听觉、触觉、机体觉等。其中,关于球和对方活动的各种时空知觉信息,主要由运动员的视听觉和肌肉运动觉的心理机能活动提供。所有这些心理机能活动又必须在大脑皮层统一的分析综合活动下有机地进行。由此可知,运动员有效完成各种击球动作,必须依赖大脑皮层和众多心理机能的协调活动来进行。各种攻防效果也在相当程度上取决于这些心理机能的活动水平。与此同时,这些心理机能的特定组合方式经过长期的专项运动训练,便会发展成球类运动专门化知觉能力:“球感”。

球感是一种精细分化了的复合知觉。在球类运动中,球感具有重要作用,形成了良好的球感就能使运动员在竞赛过程中从完成击球动作过程中解放出部分注意力,去解决技战术的迫切任务,球感是高水平运动员突出的心理特征之一,但其具有不稳定性的特点。

(二) 注意的心理特征

气排球是一项属于对抗类的运动项目,虽然不是直接对抗,但是比赛的双方相互制约,技战术组合种类复杂繁多,这就要求运动员的注意中心始终高度指向和集中于技术动作和战术配合,并在任何情况下都能做出正确的判断和及时的抉择,表现出最合理的高质量动作,因此,注意活动的强度大且稳定性高是高水平运动员必备的心理特征之一。

此外,气排球运动还具有短时间的一次高强度运动与短时间的一次间歇交替的特点,加之其他众多影响击球质量的因素,这对运动员注意力的转移和注意力的分配提出了较高的要求，要求运动员的注意活动在比赛过程中有意识地随着比赛情况的转变而转移，因此注意的转移、注意的分配也是气排球运动员重要的心理品质之一。

（三）思维过程的心理特征

复杂多变的场上情况要求运动员必须注意力高度集中且迅速正确感知，分析判断场上变化，并快速做出反应，因此，思考过程的时间非常短暂，这就要求运动员的思维活动应具有行动性、灵活性、敏捷性及预见性等特征。

三、运动员的情绪和意志特征

在运动实践过程中，运动员在比赛中所完成的各种技战术动作，都是在高度紧张、竞技异常激烈的条件下进行的，这势必与运动员极度紧张的生理与心理活动联系在一起，这就要求运动员在丰富多彩、鲜明强烈和复杂多变的情感体验活动中，形成和发展稳定的情绪状态、自我控制和始终保持积极情绪状态的能力，以及一系列专项运动所必备的意志品质，这些能力和品质构成了气排球运动的情绪过程和意志过程的心理特征。

首先，情感和情绪体验经常围绕成功和失败而变化，渴望成功又受可能失败的焦虑情绪困扰。

其次，情绪体验异常鲜明强烈，随体能状况、技战术的实力和心理状态而转移。

最后，情绪体验的性质变化迅速。这是与场上的比分变化、优劣的转换、技战术应用的效果等多种因素相联系的。

总之，运动员的情绪体验和特点是有规律地产生和变化着的，它的产生和变化都会直接影响运动效果。实践证明，积极的情绪状态是争取胜利的重要心理因素，反之则是失败的主要心理原因。运动员意志品质的培养和发展，对运动员从事专项竞赛具有十分重大的意义。

四、气排球运动员的个性心理特征

个性心理特征是一个人的各种心理活动的综合，是一个人的认识、情感和意志过程以及动机、能力、气质、性格等表现特点的相对稳定的统一。它标志着人与人之间的心理差异。个性心理特征是在个体遗传基础上，通过个人的社会实践活动形成和发展起来的，又通过个体的各种心理活动表现出来，它制约着人的各种心理活动。气排球运动的专项运动特点和专项运动心理特征，对气排球运动员在精神运动特性、气质类型和性格特征等方面同样也有一定的要求，这些要求就构成了气排球专项运动员的个性心理特征。

从精神运动的特性来看，气排球运动的活动结构、条件以及训练、竞赛的各种特点，对运动员心理过程的强度、速度、稳定性以及心理活动的指向性和表现方式等方面提出了一定的要求。这些要求具体体现在气排球运动员必须具备很强的、高度灵活和平衡的精神过程。

从气质特征上看，人的气质特质是以个体精神运动特性为基础的，是精神运动的特性在人的行为方面的表现。依据气排球运动员的精神特性，三种气质类型即胆汁质、多血质、黏液质及其中间型都适合气排球运动特点，而多血质和以多血质为主的胆汁质、黏液质的中间型为最理想的气排球运动员的气质类型。

从性格特征来看，性格是一个人对待现实的态度和行为方式方面较为稳定的个性心理特征。气排球专项运动活动的结构、条件以及训练比赛的特点，决定了高水平运动员所应具备的性格特征，在对待现实态度方面应该是：对待专项活动的态度应具有目的性、主动性、独立性和创造性等；对待自我本身的态度应具有自我批评精神、自尊心、自律性、谦虚、克己等；对待集体与他人的态度应具有集体主义精神、同情心、坦率性、原则性、热情等。在行为方式方面应该是：乐群和喜欢与他人合作、智慧、富有才识、理智性强、自食其力、独立积极、情绪稳定、知己知彼、自律严谨，具有较强的攻击性并敢于负责、行为现实且得体、合乎成规、勇敢果断、自立自强等特征或品质。

第二节　心理训练的方法

在训练中采用的心理训练方法有很多。以下主要介绍放松训练法、模拟训练法、诱导训练法、意念训练法，以及一些心理现象的克服方法。

一、一般心理训练方法

（一）放松训练法

放松训练法是以一定的暗示语集中注意，调节呼吸，使肌肉得到充分放松，从而调节中枢神经兴奋性的方法。各种放松方法的共同点是：注意力高度集中于身体的某一部位，在内在的或外来的暗示语诱导下，使神经系统和运动系统达到放松的目的。放松技能训练一般用于大强度的训练后、赛前以及赛后需要及时得以放松的时候。

1. 深呼吸练习法

用4秒时间吸气，用4秒时间憋气，然后用8秒时间慢慢地吐气，即4—4—8的节奏进行。注意吸气时腹部鼓起，吐气时一边收缩一边使全身放松。

2. 肌肉的紧张、放松方法

无论是谁，在紧张时都会有一定程度的肌肉僵硬，肩部、面部紧张，通过肌肉的放松练习可以达到放松肌肉的效果。

(1) 物理放松。物理放松即通过物理方式缓解肌肉的紧张，通过放松肌肉的状态使运动员心理随之放松。物理放松的方式多种多样，例如通过拉伸或按摩轻敲的方式放松，也可以通过训练器材设备进行放松。

(2) 自我暗示放松。开始由教练员指导运动员依次放松身体的各个肌肉群，同时增强呼吸，经过几次指导之后，让运动员自己独立完成。在开始时要花费较长时间才能使全身肌肉得到放松，随着练习次数的增加，放松需要的时间逐渐减少。进行放松时，可以使用暗示语或者辅助音乐。

(二) 模拟训练法

模拟训练法实际上也是一种适应性训练或者叫脱敏训练，是将训练安排在与比赛条件相似的环境下进行的一种训练方法。通过模拟训练，可使训练与比赛的实际尽可能接近，为了达到这个目的，必须对即将参加比赛的对手、场地、设备、照明、器材、观众、气候、时间等条件掌握得十分清楚，使运动员在近似比赛的条件下锻炼和提高对未来比赛的适应能力以及情绪控制能力等。条件允许的话，可以提前到达比赛场地，或者到与比赛地点条件相近的地方进行训练。

注意：在采用模拟训练法时，根据项目的不同选择不同的模拟训练方法，要使模拟出的情境尽可能地与比赛前的实际情况相似，以保证有效训练。尽可能模拟比赛中可能会面临的生理、心理、环境变化，可能会面临的战术进攻情况等，以使运动员能够对即将要面临的环境或变化提前做好准备。

（三）诱导训练法

诱导训练法是指在训练中采用有效刺激物，把运动员的心理状态引导到某一个事物或方向上去的训练方法，可为顺利完成训练与比赛任务建立良好的心理状态。

诱导训练法是通过教练员、心理学专家等他人的诱导，或利用录像带等外界刺激来完成的，诱导训练法的诱导者是他人。诱导的途径是多样的。诱导者发出语言信号，由运动员的听觉器官接收信息，按预定要求去实施。鼓励与批评、说服与疏导、启发与幽默都是语言诱导的常用手段。诱导者也可以通过做示范、展示图片、放录像和电视等，把诱导信息传递给运动员，运动员经由视觉器官接受信息，并按预定要求去实施。

使用诱导训练法时应该注意：

（1）采用的诱导手段是运动员感兴趣的，能够引起运动员注意力的转移。

（2）诱导者是教练员、心理学家，也可能是同伴，但均应是运动员愿意接受的。

（3）应从诱导的目的、手段、信息传递方式等多方面计划安排某一次诱导训练，但不可随意滥用，以防产生负作用。

（四）意念训练法

1. 果断力训练

在比赛中，既果断又不怕失败非常重要。首先试着回忆在过去的比赛中不怕失败、敏捷果断发挥的情景。（1～2 分钟）在脑海中描绘在本场比赛中，能敏捷、果断而有决心地完成比赛计划的场景。（1～2 分钟）

2. 自信训练

自信就是能顺利完成某种行动的信念。有自信的选手相信自己能成功，进行必要的行动时就会信赖自己的能力。相反，如果没有自信，看到对手很强以及受到周围环境的影响，心情就会变得不安，在比赛中也会变得笨拙且丧失果断力。因此，自信和果断力的训练非常必要。具备能够发挥自己实力的自信在任何比赛中都非常重要。

（1）默念“自己能做到”，在心里描绘自己充满自信地进行比赛的情景。（1～2 分钟）

（2）默念“我已经为这场比赛做出了我该做的准备”。（1～2 分钟）

3. 比赛斗志

比赛就是心的较量，具有强烈的比赛斗志非常必要。面对强大的对手、大比赛以及重要比赛，不示弱、保持积极主动的心情非常重要。在此基础上，考虑在怎样的比赛场合、怎样来行动、怎样发挥自己的技术，也很有必要。

(1) 回忆过去你最有斗志、最积极、最有主动性的比赛，将这一情景在你脑海中描绘出来。(1～2 分钟)

(2) 在脑海中描绘你在这次比赛中不消极、积极主动发挥的场景。(1～2 分钟)

4. 取胜欲望

在比赛中，队员如果不想着要赢，往往就赢不了，但过于想赢又不一定能发挥出最好的水平。在赛前，应将取得胜利、赢球作为目标练习，开始比赛时，应对自己说“将迄今为止所练习过的发挥出来就行”。但是，在决定胜负关键的时候，必须激发出自己“绝对能赢”这种强烈的欲望。

(1) 对自己说，这次的比赛“绝对赢”，为了取得比赛胜利，将迄今为止练习过的东西全部发挥出来。(1～2 分钟)

(2) 设想胜负关键的时候，在心里默念“绝对能赢”。(1～2 分钟)

二、几种心理现象及其克服方法

(一) 心理紧张的克服方法

不少运动员在比赛之前由于对比赛刺激因素及本人参赛条件做出了具有威胁性的评价，从而产生紧张的心理反应。运动员参加重大比赛前需要有一定程度的心理紧张，以便将机体各组织、器官、系统动员起来，特别是要提高中枢神经系统的兴奋性，以便动员人体的潜在能量，在比赛中创造好成绩。适度的心理紧张有利于比赛中水平的发挥，但是过度的紧张则会使大脑皮层对植物神经系统和皮层下中枢的调节活动减弱，呼吸短促、心跳加快，容易使运动员心理活动失常，很难把注意力集中到比赛上去；对动作表象模糊不清；对教练员的布置与嘱咐听不进去；失去控制自己的能力，等等。以上这些都必然会影响到比赛结果。

心理紧张的克服方法：

(1) 表象放松法。使运动员想象他通常感到放松与舒适的环境，让运动员在脑子里将自身置于这个环境中，使身体得到放松，使用这种方法的关键在于使表象中的环境清晰，在大脑中能够生动地看到想象的环境，增加情境对运动员的刺激程度。

(2) 音乐调节法。选听不同的音乐能使人兴奋也可使人镇定，音乐给予人的“声波信息”可以消除大脑所产生的紧张，也可以帮助人内在地集中注意力，促使大脑的冥想井然有序。在大赛之前，心理紧张的运动员听听音乐，可以调节情绪。

(3) 排尿调节法。人在情绪过分紧张时，会出现尿频现象，这是因为情绪过分紧张，大脑皮层抑制过程减弱，兴奋过度，使得大脑皮层下中枢和植物神经系统的调节功能减弱，及时排尿可使运动员产生愉快感，心理和肌肉得到放松。

(二) 情绪消极的克服方法

情绪消极是指运动员在激烈竞争的刺激下，对超限心理负荷所产生的一种失常的心理体验，表现为心情不安、有恐惧感、紧张过度和情绪失控。由于这些心理状态的出现，使运动员的生理状态发生一系列的变化，如心跳过快、呼吸困难、四肢无力等，会导致运动员智能下降、知觉迟钝、行为刻板、对比赛失去信心。

克服情绪消极的方法有：

(1) 激励法。教练员应根据运动员的个性与客观影响，激发运动员比赛的士气，把消极情绪转化为积极情绪。

(2) 转移法。运动员的恐惧、不安和紧张的心理状态往往是由特定的思维定势和注意定向所引起的，对此可采用注意力转移方法，使用一些刺激物去消除引起情绪消极的诱因，从而减缓和排除消极情绪。

(3) 升华法。在比赛中时常出现运动员的某些“能量”在一定场合下释放得恰到好处，可是在另一种场合下适得其反的现象。这时，可以通过升华法使运动员提高认识，增加克制力，规范自己的行为。

(4) 暗示法。利用客观刺激物对运动员的心理进行调节，如在比赛中运动员看到教练员的从容表情、轻松的语言及和蔼的态度等都会得到鼓舞，消除消极情绪。运动员也可通过自我暗示，运用指导语来调节中枢神经系统的兴奋与抑制，从而形成一系列反射活动，使消极情绪得到控制。

(三) 情绪激动的克服方法

有些运动员在赛前情绪过分激动，表现为呼吸短促、心跳加快、四肢颤抖和心神不定，不能很好地控制自己的行动，知觉和表象不连贯，注意失调，遗忘与比赛有关的重要事项，记忆力下降等。

赛前过分激动的致因状态，主要是由于刺激物引起运动员大脑皮层抑制过程减弱，兴奋过程升高，致使大脑皮层下中枢和植物神经系统的调节作用减弱造成的。

克服情绪激动的方法：

(1) 运动员产生情绪激动与运动员的训练程度和比赛经验有关，应提高运动员的训练程度，丰富运动员的比赛经验，对儿童少年运动员或初次参加重要比赛的运动员更应如此。

(2) 运动员产生情绪激动也与运动员的个人特点有关，有的运动员个性倾向比较突出，容易冲动，在大赛前容易情绪激动，对这种类型的运动员更应该加强自我调节能力的训练。

三、专项心理技能训练

专项心理技能是指适合于某一专项所必须掌握的心理技能。同一个运动项目所需的运动心理技能具有跨年龄的稳定性，又表现出不同年龄段的特异性。此外，在训练和比赛的不同阶段，运动员和教练员选择使用的心理技能训练方法也应有所区分。

(一) 观察学习的训练

大多数气排球技巧可分为“封闭式”或“开放式”。封闭式技巧指主要依赖内部调整的技巧，具有调节性，表现独立，且运动顺序适宜。而开放式技巧增加了外部调整的因素，如拦网就属于开放式技巧，因为成功的拦网取决于扣球手的速度、气排球扣球方式、拦网时机等。正确理解这个概念，有助于对开放式技巧和封闭式技巧的分析。

建立运动表现技巧习得的基础需要深入的学习与实践。例如，对高效率和健将级优秀运动员运动技巧的分析，可以通过与他们接触，或者从电脑模拟、想象，也可以从视频里看到等，或者将生物机械学原理用于运动技巧表现中。例如，每一个击球技巧可被分为：取位、准备、接球触球、完成击球，为下一次行动做准备。因此，在观察时，教练员注意让运动员分阶段、分动作、有重点、有强调性地去观察学习。同时，教练员也要从中观察学习，分析动作与战术，以便更好地指导运动员的训练。

只有 3%的视觉角度能在一定距离内集中于某一物体，教练员运用外缘的视觉系统来探查大部分运动。因此，教练员在适当的距离来观察与周围其他事件同时发生的运动员的整个运动顺序显得尤为重要。

(二) 行为控制训练

球员的个性与信息处理方式限制了个体的行为控制程度与方式。行为控制具有极大的可塑性和可适应性，且可能发生终生影响。行为控制即个体搜索并处理信息以解决问题的方式，在很大程度上依赖于两种信息处理基本构筑方式，即行为导向和状态导向。Heckhouse (1989)认为有七种因素影响运动员将意图转化为行动。

1. 选择性注意

运动员的注意力应始终关注与比赛环境及相关行动计划相关的信息，同时忽略或主动压抑干扰思想与情感。例如，一名扣球运动员故意不看记分板上的分数，而是紧盯着二传手的指令准备下一个反击动作。

2. 了解赛事相关信息

深入了解赛事相关信息的重要性和关联性，并进行深入分析，以便更好地思考下一个信息。例如，赛前准备时对方球队的两个主攻手紧挨着二传手不断变换位置，而这位二传手把球传向站在旁边的教练。全神贯注的运动员试图牢记站位关系和传球意向，即使观察的意义一时还显现不出来。

3. 情绪控制

运动员的情绪状态将影响其表现和有效执行行动计划的能力。全神贯注的球员更了解自己的最佳情绪状态，且试图重新进入这种状态，以增大成功的可能性。例如，许多运动员在赛前都会参加一种个体的仪式，以使自己进入最佳情绪状态。同样，在结束一次糟糕的比赛后，专注的运动员并不会沉湎于这些消极因素中而害怕和退缩，而是积极专注于下一场比赛。

4. 控制动机

当运动员与球队目标高度一致时，将采取更为积极的行动，且更为妥善地处理目标和动机间的矛盾，并最大限度地发挥自己的作用。例如，球员的一个目标就是在特殊训练营地认识到怎样更合理地消耗自己的能量(如使自己更接近目标)，刻苦训练，而不是与朋友整夜觥筹交错。

5. 控制环境

如果运动员所处的环境里有消极的干扰因素影响其动机，此时，个体应重新整理环境信息，调整自身目标与球队的整体目标和意图一致，帮助他人认识到自身的优点，重新投入行动计划，力争实现自己的目标。例如，通过鼓励球迷观看球队的比赛，不仅可增加球队队员的出勤率，而且还可改善比赛时的环境。球迷日渐热情的支持和欢呼雀跃，有利于改善球队的比赛水平。

6. 经济地处理信息

信息处理应在数据收集可靠可行的前提下，尽可能经济且有利于实现合理的目标。例如，拦网队员在每一次拦网时，持续不断地正确“阅读”对手的扣球并巧妙地贯彻合理的防卫行动。因此，在关键时刻，没有理由让拦网队员改变拦网策略。

7. 应对失败

当目标未能实现、要对失败的原因进行分析时，应针对目标和队员实际能力间的关系进行深入分析，帮助运动员走出失败的阴影，重新踏上征程，全神贯注于下一个目标和实现目标所应付诸的行动。团队任务目标失败时亦然。例如，球员都会不自觉地在失败后“第二次反思”自己（或者是反思他们的教练），而注意力集中的球员绝不会被这些沮丧、愤怒和怀疑的情绪所干扰，反而会更加积极努力地进行下一个行动。

四、心理训练的原则

做什么事都要有原则，心理训练也不例外。心理训练的原则是建立在人们多年来心理训练实践经验的基础上的，它在某种程度上反映了心理训练过程的规律性。这些原则是有效地进行心理训练所必须遵循的基本要求。

（一）自觉性原则

运动员心理训练的效果首先取决于运动员参与训练的自觉积极性，因为任何心理训练手段的掌握和运用，都不可能脱离人的主观态度而起作用。如果没有对心理训练的自觉积极态度，被动地接受心理训练，也就失去了内部动力。

（二）循序渐进原则

“不积跬步，无以至千里；不积小流，无以成江海。”心理技能训练遵循着与一般技能学习相同的规律，即必须通过长期、系统的开展，才能收到切实的效果。期待一学即会，容易造成欲速则不达的结果。所以要对运动员实施心理训练任务、内容、方法和要求，应由易到难逐步提高，使之有计划、有步骤地进行。

（三）专项结合原则

不同的运动项目，在技战术的掌握及比赛发挥上会对运动员的心理提出不同的要求。在心理技能的训练中，应充分考虑运动专项对运动员心理状态、心理特征方面的特殊要求。只有这样，才能较快收到切实的训练效果，进而使教练员、运动员信服，调动其开展和参与心理技能训练的积极性。

此外，心理技能训练还应做到：预防为主，防患于未然；尽量使用量化指标对心理技能训练的效果进行评价；使运动员有能力将心理技能训练的效果迁移到其他情境中去。心理训练的原则不是一成不变的。它的变化和发展有待于人们心理训练经验的积累，也有待于我们对心理训练过程的规律在认识上的深化。

（四）个别对待原则

心理训练中贯彻个别对待的原则，就是既要注意心理训练的共同规律，采用一般的方法对运动员进行心理训练；同时更要因人因事而异，采用特殊的方法，实行个别对待。如果不考虑人的心理差异，任何一种教育训练的方法和手段都不可能取得应有的效果，每一个人潜在的可能性和个性的潜力都不能得到充分的发挥和利用。实践证明，尽管心理训练有其基本的策略、方法、技术与手段，但要取得良好的效果，并不存在着一个适用于任何运动员的普遍行之有效的统一模式，必须因人而异，具体分析，精心设计，才能发挥其应有的效果。

第三节　运动智能及训练方法

一、运动智能概述

（一）运动智能及其构成

运动智能是智能中的一种，是指运动员以一般智能为基础，运用包括体育运动理论在内的多学科知识，参加运动训练和运动比赛的能力，是运动员总体竞技能力的重要组成部分。

运动员智能水平的高低是决定比赛成败的关键因素之一，因此，要求每个运动员要充分理解运动智能对训练与比赛的重要意义。

（二）运动智能的重要作用

（1）具有较高运动智能的竞技选手，对于本专项竞技的特点和规律有着较为深刻的把握，对于训练的理论和方法也有更为准确的认识和体验。因此，他们在训练中就能够更准确地理解教练员的训练意图，能够自觉配合教练员高质量地完成预定的训练计划，从而提高运动员的总体竞技能力。

（2）具有较高运动智能的竞技选手，善于正确地理解先进合理的运动技术，从而明显地缩短学习和熟练掌握运动技巧的过程；他们能够更为准确地把握运动战术的精髓和实质，在比赛中善于灵活机动地运用战术；他们具有较多的心理学知识，善于动员和控制自己的心理活动，从而保证在竞技中更为出色地发挥已有的竞技水平，表现出更高的总体竞技能力。

（三）气排球运动员运动智能专项特征

气排球运动项目在比赛过程中，运动员既需要实施赛前既定的战术，又要随时根据场上变化做出正确的反应，调整战术，灵活反应，这要求气排球运动员既要有足够的专项理论知识储备，又要具有实际应用的能力，技战术在比赛中的运用效果是决定比赛结果的决定性因素，而技战术能否快速、正确运用，又取决于气排球运动员智能的高低。可以说在球类对抗运动中尤其能够体现出运动员运动智能的高低。

二、运动智能的训练方法

运动智能训练的主要途径是传授知识、掌握技能和开发智能。

（一）提高运动员专业理论知识水平

运动员学习、掌握专业理论知识与学习其他文化知识，在方法上既有共同要求，又有各自的特点。

1. 学习文化理论知识的一般方法

阅读自学、教师讲解辅导、小组讨论、完成作业、专题研究等都是文化知识学习经常采用的形式与方法。当然，根据学习者文化层次的高低，在学习的组织形式与采用的方法上会各有侧重。在这些方面，运动员的专业理论知识学习多采用相同或相似的形式与方法。

2. 结合训练实践学习专业理论知识

运动员学习掌握专业理论知识的特殊要求在于紧密结合运动训练的实践，以取得实际效果。科学训练理论应该是源于训练实践，高于训练实践，进而有效地指导训练实践。所以学习专业理论知识一定要结合训练实践，特别是自己的训练实践。为此，运动员要注意认真理解训练计划，认真记好训练日记，认真进行训练总结。带着训练中发现的问题去学习，去思考，学好、学通。运动员在结合自己的训练实践学习理论知识的同时，还应注意观察和研究自己的同伴、对手及国内外优秀运动员的训练实践，并且对其进行科学的比较，从中发现和理解训练成功的规律。

3. 广泛学习相关学科的科学知识

科学的运动训练活动要求它的从业者具有丰富的、多领域的科学知识。如运动生理学、运动解剖学、运动心理学、体育社会学及体育美学等体育科学学科的知识，都对科学地组织运动训练活动和成功地参加运动竞赛有着重要的意义。因此，要求运动员不仅要学习本专项运动的理论知识，还必须学习多种科学学科的相关理论知识。

（二）提高运动员运用知识的水平

1. 提高应用理论知识的自觉性

教练员、运动员首先应明确专业理论知识的作用，并主动自觉地在自己的训练实践中予以应用，这是提高其应用水平的重要前提。其应用的具体方法，一是由实践找理论，二是学理论找实践。根据训练实践的需要，去学习和寻找有关的理论知识，学习、理解并掌握后即用于训练实践，从而提高理论知识运用能力。从运动训练实践的需要出发，学习的目的性强，运用的针对性强，便于解决实际问题，常常会取得满意的结果。

在系统的理论学习中发现问题，主动地改进训练，是提高理论知识应用水平的另一种重要方法。

2. 认真做好专题总结

对运用专业理论知识于训练实践的工作情况应及时地进行深入的专题总结，这是提高应用水平的另一个重要的方法。通过科学的总结，可以对理论的认识更加深刻，对于实践的解析更加准确，从而把认识提高到新的层次和新的水平。

教练员、运动员都应注意提高自身的科学方法水平，要学好逻辑学、科学方法论，以及体育统计、实验设计、调查访问等具体科学方法，这些是在进行科学的总结和从事科学研究工作中必不可少的。

第六章　气排球教学文件、训练文件的制定

第一节　教学文件的制定

教学文件是气排球教学的主要依据，制定教学文件是气排球教学工作的重要环节。制定切实可行的气排球教学文件，可使教学工作有明确的目标，有助于教师全面地考虑和安排教学工作，充分发挥教师的主导作用，确保教学目标的实现。不同类型的气排球课程可能有不同的教学文件。气排球普修课程教学文件主要包括：教学大纲、教学进度和教案三种。

一、教学大纲

制定教学大纲时，我们首先要明确教学目的，制定合理的教学目标。然后从教学目的和不同教学目标实现的需要出发，进行教学设计和计划，合理处理教学内容，包括选择主要教学内容、次要教学内容、不同方面的教学内容，以及不同教学内容安排的学时比例等。最后对教学结果进行评价，并提出如何在教学过程中根据体育教学的规律和原则对教学过程进行有效控制的措施。以上这些是教学大纲要完成的任务。

（一）教学大纲的组成部分

教学大纲是教师组织教学的依据，是检查教学工作和评价教学质量的重要依据，也是制定其他教学文件的依据。教学大纲是多年教学经验的总结，是科研成果运用于实践的结晶。教学大纲由学校或教育部门根据社会对人才的需要统一制定，或者由学校按照国家颁布的培养方案，结合学校的实际情况、针对学生的特点制定。教学大纲相对稳定，并具有一定的权威性。经过一个教学周期后，根据实施情况可

能需要对教学大纲进行调整或修订。教学大纲规定了本课程的基本内容和要求，由《大纲》说明、《大纲》本文和考试办法三部分组成。

1.《大纲》说明

“说明”是教学大纲的开头部分，在这一部分里，简明扼要地对该门课程的作用和地位、制定大纲依据、教学指导思想、采用的教法、基本理论与基本技战术的要求加以说明。

2.《大纲》文本

《大纲》文本包括：教学目的和任务，该门课程与培养目标的关系，理论、知识、技术、战术、能力培养和素质教育的总任务。

教学的基本要求：根据实际情况重点选择内容。

学时分配：总时数、周学时、各类教材的授课学时和占总学时的比例等。

教学内容：理论部分、实践部分和能力培养部分。

教学措施：为完成教学任务而提出的组织形式、方式、方法的具体措施。

教材与参考资料：采用的教材和与大纲规定内容有关的参考书。

3. 考试办法

该部分规定考试的内容、方法、标准、评分方法和要求等。同时，要制定能力考核标准、方法，进行专门能力考核。

（二）编写教学大纲应注意的几个问题

1. 要符合人才培养方案整体优化的要求

首先应符合该课程在人才培养方案中的地位和作用，即通过该门课程的学习要达到的目的和要求，依据专业培养目标选择教学内容；其次应注意该门课程与人才培养方案中其他课程（选修课及后续课）之间的联系，在内容的选择上尽量避免与其他课程的重复。要考虑气排球学科自身的特点，注意在培养目标的总前提下使课程教学内容既要科学、合理、紧密衔接，又要防止遗漏、重复。

2. 根据不同的人才培养规格、不同层次的教学目的，选择不同的气排球运动知识体系

气排球运动知识体系包含许多方面的内容，如基本理论、基本技术、基本战术、竞赛规则、竞赛的组织方法、专项体能及其训练、专项心理特征及其养成、技术战术教学训练理论与方法、气排球运动科学研究等。

3. 要具有较高的科学性、思想性和实践性

科学性是指课程内容体系的完整性、编排的合理性，深度、广度和难度符合教学目的要求；思想性是指知识、技能教育与素质教育相结合，能够反映现象、事实和规律的认识发展过程；实践性是指注意理论与实践相结合，重视能力的培养和素质的提高。

4. 要体现先进性

课程教学大纲制定要符合时代要求，要突出体现教育教学观念的更新和教育思想的转变。应尽可能地反映学科发展的最新成果，根据课程的性质和学生的接受能力，适当地介绍本门课程所属学科范围的新成果。

5. 要合理安排教学内容，注重培养学生能力

教学大纲除了明确规定该门课程的基本内容外，还应充分体现优化课内、强化课外、激发学生主动学习的精神，要从"广而博"中选择、重构"少而精"的教学内容，注重培养学生的创新精神和实践能力，同时要着重提高学生的自学能力。

6. 要保留原有特色，固化教学成果

在保留长期教学实践经验的基础上，把近年来教学改革的成果固化到新教学大纲中，体现教学改革的精神，根据学科的发展方向及与相关学科的关系更新课程内容。

7. 要突出主干课程，开发精品课程

校级、系(院)级主干课程、精品课程的教学大纲应在课程内容更新与拓宽上有所突破，在课程的教学环节的安排上有所创新，力求在课程教学中贯穿"知识、能力、素质协调发展"的思想，突出培养学生的创新精神、创造能力。

(三) 教学大纲的主要内容

气排球教学大纲主要包括以下内容。

1. 课程性质

说明课程开设的对象，是公共必修课，或是专业必修课，或是限制性选修课，或是选修课。课程的学时和学分等。

2. 课程目标

提出教学目的任务，包括知识学习、能力培养、素质教育等各方面的目的任务。

3. 教学内容

包括理论部分、实践部分、能力培养部分的内容。应根据气排球运动的特点、发展趋势及教学对象以及培养目标和教学时数选择教学内容。为了适应不同水平的教学对象，突出教学重点，教学内容可以分为主要内容、次要内容、介绍内容或自学内容等。

4. 学时分配

为了达到教学目标，落实教学任务，必须在时间上给以恰当的分配和严格的保证。根据教学任务要求，确定理论、实践各部分的课时分配，形成恰当合理的比例关系。

5. 考核方式

根据教学目标，全面设计考核方式。应包括理论知识、技战术及运用能力、组织竞赛能力、教学和裁判能力等方面的考核。规定考核的内容、方法、评定标准等。

二、教学进度

教学进度是把教学大纲规定的教学内容和学时分配具体落实到每一节课的教学文件。它是根据教学大纲规定的气排球运动知识、技术、技能等内容，以及认知学习的基本规律而设计的逻辑序列，是教师撰写教案的重要依据。

(一) 教学进度形式

1. 阶段螺旋式

阶段螺旋式的进度是将教学过程分为紧密联系的四个阶段，基本技术、串联配合、全队战术、比赛等几个教学内容和过程。每个阶段都有其独立性，同时又是下一阶段的基础，突出了主要教材的教学，逐步加深和扩大了教材内容。

四个阶段的任务不同，教学时数分配的比重也有所侧重，一般第一阶段为35%，第二阶段为30%，第三阶段为20%，第四阶段为15%。安排教学进度时应注意：技术内容安排由多到少，主要教材要早出现；战术内容安排由少到多，主要战术也应早出现；安排技战术教法时，必须符合运动技能形成的规律；第四阶段就安排简单比赛，增加实战机会，以利于技战术能力的培养。

2. 循序渐进式

循序渐进式教学是将教材内容按照主次和难易程度科学地分配于全教学过程。

首先,重点学习主要技术,并一直贯穿到教学阶段的后期,然后逐步扩展学习内容,增加战术教学。以主要技术和战术为主线,一般教材和理论课的讲授则根据它们与主要技战术的关系分别安排于教学过程中。安排进度时,要把新教材与复习教材结合起来,把攻与守结合起来,把技术与战术结合起来,把提高技战术水平与培养各种能力结合起来。安排进度时应注意:主要教材应出现得早,使学生有充分时间学习、掌握主要技术,为学习战术奠定基础;基本知识、技术和战术密切结合,加强各教材间的相互联系;由主要教材带动一般教材,理论教学指导技战术教学;主次分明,每次课都有明确的教学内容,便于备课。

(二)教学进度案例

案例:气排球16学时课程进度表

课　次	教学内容
1	理论:介绍教学大纲,气排球运动概述
2	准备姿势,移动,正面捧球,正面下手发球
3	助跑起跳,正面捧球,正面上手发球,正面传球
4	助跑起跳,正面垫球,正面传球,正面上手发球
5	正面垫球,改进正面垫球和正面上手发飘球技术
6	网前二传,1、5号位垫球,原地扣球手法
7	4号位扣球,单手捧球,网前二传
8	网前二传,1、5号位垫球,4号位扣球,侧垫
9	接发球站位,发球,垫球,传球,扣球
10	“三二”配备,教学比赛
11	规则与裁判法简介
12	教学比赛
13	教学比赛
14	复习
15	考试:对墙传球,发球
16	机动

(三)制定教学进度的注意事项

(1)制定教学进度既要考虑各项技术、战术自身的教学顺序,又要考虑技术之间以及技术和战术之间的关系，还要考虑教学的重点和难点。

(2) 技术内容安排由多到少，主要教材要早出现，让学生有充分的时间练习和提高，并为战术学习奠定基础。战术内容安排由少到多，主要战术也应早出现。战术意识的培养要贯穿课程的始终。

(3) 进度的安排既要主次分明，互相搭配，又要将新授教材与复习教材密切结合，攻、防技术结合，技术、战术结合，技战术学习与技战术运用结合，提高技术与培养技能结合，理论与相关技战术实践结合。

(4) 进度的安排要突出重点教材，其授课时数要多，以确保学生真正掌握。次要教材适当安排，介绍性教材根据教学对象的实际水平由教师选择安排，或在实践课中安排，或在理论课中观看录像。计算出各项教学内容在该学期出现的次数，按主要教材内容出现的课次，系统地安排到每次课中去。将其他教学内容按课次系统地搭配到每次课中去。

(5) 每次授课一般安排一个新教材、一个复习教材为宜，最多不超过三个教材。安排一个重点教材、一个次要教材或介绍性教材，一个复习教材。内容明确，便于备课。

(6) 每次授课教材内容的安排要考虑学生的学习负担和身体承受能力。要注意不同难易程度教学内容以及不同运动负荷教学内容的互相搭配。

(7) 要正确确定各项教学内容的排列方式。根据教材内容的特点、季节气候、场地设备以及学生基础和全面教育的需要而定。

三、教　案

教案是每次授课的具体计划，根据进度规定的内容、上次授课任务完成的情况以及学生的具体情况而编写，是落实课程目标的最基本、最重要的教学文件之一。它包括授课的任务和具体要求、各部分教学内容的安排、各项教学内容的顺序、教学步骤、练习方法、练习的次数和组数、课时分配、组织教法等。

(一) 教案的基本格式

无论是理论课、教学课、比赛课，还是考核课，都由三个部分构成，所以教案的基本格式也包括准备部分、基本部分和结束部分。

1. 准备部分

准备部分的目的是明确该次授课的任务和要求；组织学生把注意力集中到气排

球课上;使身心均进入适当的兴奋状态,为基本部分做好准备。要让学生清楚本次课与上次课的关系,以及在整个课程中的作用,以便学生有明确的学习目标。

准备部分的内容,应注意全面性、针对性和多样化:全面性是指所采用的练习既能做好身体和心理的准备,又能有效地促进学生身体的全面发展;针对性是指根据授课的主要教材来选择专门性练习,以利于学生更快地掌握所学动作;多样化是指根据授课的任务和学生的特点,合理地变换内容与方法,以提高学生学习的兴趣和积极性。

准备活动的时间,在45分钟的授课中,一般安排8～10分钟;在90分钟的授课中,一般安排15～20分钟。根据气候条件适当调整。

2. 基本部分

基本部分的目的是建立正确的动作概念,掌握动作要领,提高技战术应用能力,掌握气排球运动的基本理论。要把气排球文化的传播、气排球战术意识的培养、基本技能和综合能力的培养以及人格培养工作贯穿其中,以达到增进健康、发展素质、增强体质和培养道德意志品质的目的。

基本部分的时间安排,在45分钟的授课中,大约安排30分钟;在90分钟的授课中,大约安排65～70分钟。不同类型的课程有所区别。

3. 结束部分

结束部分的目的是通过有组织的教学活动,使学生的身体机能恢复到相对安静状态,应根据基本部分最后一个教学内容的性质,选择一些逐步降低运动负荷的练习。同时分析和评价学习、练习质量,授课任务完成的情况,下次授课应该改进的地方,并适当布置课后作业或预习内容。授课的结束部分容易被忽略,一定要认真对待。

结束部分的时间大约为5分钟。

(二) 优秀教案案例

授课周次: 1 周 1 次　授课对象: 全校

日　期: ________　人数: ________

教学目标	认知目标:了解并初步掌握准备姿势、移动步法,在传球技术中能够合理运用 技能目标:通过学习,初步掌握正面双手传球的技术动作,能基本完成连续击球动作及正面下手发球技术动作并能基本完成发球过网技术效果 情感目标:通过此次课程的学习,初步培养学生对气排球运动的学习兴趣

续表

教学过程	教学时间	教学内容	分量	组织教法及要求
开始部分	3分钟	(一) 课堂常规：检查出勤，队列。 (二) 授课的任务、要求，提问，见习安排。	3分钟	队形： 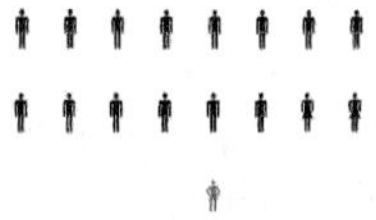 要求：快、静、齐。
准备部分	12分钟	(一) 准备活动： 1. 徒手操： 头部绕环-扩胸运动-腰部绕环-体前屈下振-腹背交叉-腹背绕环-弓箭步压腿-侧压-手腕脚踝-静力拉伸 2. 游戏： 人、虎、枪	4分钟 8分钟	教法：由教师或实习研究生领做，4＊8节拍。 要求：动作幅度要舒展用力，使身体充分活动开。 要求：根据气温和学生身体状况可适当调整游戏的内容。
基本部分	70分钟	(一) 学习准备姿势和移动技术动作 1. 示范： 2. 讲解： 动作要领： 准备姿势：屈膝提踵，含胸收腹，保持微动，蓄势待发。 移动：重心低而平稳，起动迅速，制动及时。 3. 练习：原地徒手练习(侧滑步、跨步、交叉步) (二) 学习正面双手传球技术 1. 教师示范并讲解： 动作要领：准备姿势、迎球、击球、手型、用力 注：传球是组织进攻的重要技术 2. 练习方法： a. 一人持球举高，一人传击，体会动作和手感 b. 头上自传(低球-高球-低球) c. 两人一组，自传再传出 d. 两人一组，一抛一传 e. 两人一组，连续对传 注：教师纠正错误动作并请动作规范的同学演示	15分钟	教法：由教师做示范动作。 ××××××× ● ××××××× 要求：注意力集中，快速反应并做出动作，并随时提醒动作要点。

续表

教学过程	教学时间	教学内容	分量	组织教法及要求
基本部分	70 分钟	（三）学习下手发球技术动作 1. 示范并讲解： 1-1 动作要领：（以右手击球为例） 身体正面对球网，两脚左右开立，左脚在前，两膝微屈。上身稍前倾。左手持球于腹前，将球抛到体前左前方，离手高约两个球，在抛球的同时，右臂伸直以肩为摆动轴向后摆动，借右腿蹬地力量，身体重心随右手向前摆动击球而移至前脚上。在腹前以掌根或虎口击球后下方。 1-2 运用时机： 2. 练习方法： a. 对墙 5 米处发球　　5 个一组，3 组 b. 距网 3 米处隔网发球　　5 个一组，4 组 c. 距网 6 米处隔网发球　　同上 e. 发球区练习 简单介绍发球犯规的判断。	30 分钟	教法：由教师做示范动作。 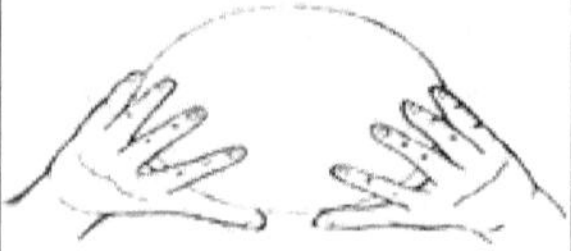 要求：认真观察动作。 教法：除 b 的练习自行完成外，其他练习均由两人共同完成，c～e 练习之间的距离保持在 2～3 米即可，不宜太远。 要求：注意力集中，认真体会动作，重点体会手指、手腕的发力顺序和触球的部位。 教法：由教师示范徒手和结合球的动作。 下手发球图示： 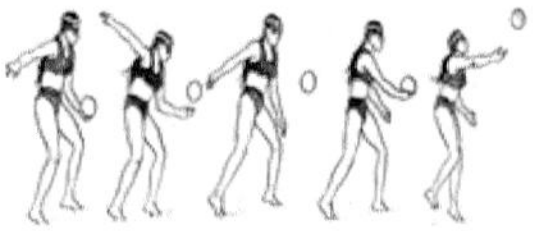 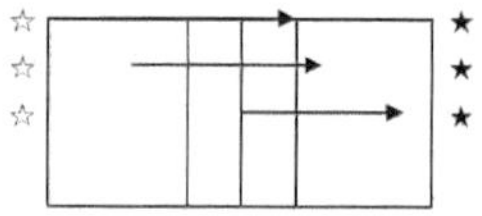 要求：关键要体会和模仿老师的示范动作并要击准的球的重心。
结束部分	5 分钟	（一）整理器材：练习球、摇把等。 （二）整理活动：牵拉、放松、按摩、心理调整。 （三）课堂总结：课的任务完成情况； 优点表扬与不足提示； 布置课外作业、预习内容等。	5 分钟	教法：圆队形或体操队形，教师居中指导。 × × × × × × × × × × × × × × ● 要求：充分放松。
见习安排	1. 根据自身身体情况，适当参与练习。 2. 认真观摩练习内容。		场地器材	气排球每人一个。
课后小结				

（三）撰写教案的注意事项

1. 分析教材的重点和难点

根据教学进度中当次课的主要教学内容，认真分析教材的重点和难点，以便确定课的任务，合理分配课时、选择练习方法。

2. 明确授课的任务

教案中首先要确定授课的任务。衡量课上得好坏，就是要检查授课任务完成得如何。在确定授课的任务时，既要有技术方面的，还要有教育和技能方面的；既要考虑学生的实际情况，还要考虑上次授课的任务完成情况。确定的任务应该是大多数学生经过努力能够完成的，而且要明确、具体，便于检查。

关于授课的任务的描述要简明扼要，具有针对性。如技术、战术，教材一般用“学习”“初步掌握”“改进”“熟练”“提高”等；技能和素质方面的内容，一般用“培养”“加强”“促进”“发展”“增强”等。

3. 合理选择练习方法

选择练习方法时要考虑各项技术、战术的教法步骤，选择实用性强、符合学生实际水平的练习方法。选择练习方法时还要考虑以下方面：能够很好地完成课的任务；有利于增加触球次数；提高课的练习密度；注重练习效果，一次课中不宜安排过多的练习方法；选择练习方法要与学生分组、运动负荷安排、场地器材使用等结合起来考虑；要时刻考虑安全因素。

充分利用准备活动时间，选择合适的练习方法，不仅可以达到热身的目的，还可以增强球感，提高控制球的能力，培养集体主义精神和竞赛意识，发展柔韧性、小肌肉力量、灵敏性和协调性等身体素质。

4. 明确各部分的时间分配、练习分量及要求

各部分或每次练习的时间安排，需要考虑以下因素：授课内容的重点；授课内容的难易程度；练习方法的难易程度和学生对练习方法的熟练程度；练习的次数和组数与练习时间呈正比；还要把对练习进行的示范、组织和评价时间考虑进去。对每次练习都应该提出要求，包括数量的或质量的。提要求时注意与授课的任务吻合，学生能够完成，并注意区别对待。

5. 确定学生的分组

学生练习分组形式可以有以下几种。

(1) 依据队列自然分组。

一般队列队形呈2排或4排,也可能是3排,身高由高到低。可以同列、同排或列与排的结合进行分组。这种分组简单,省时,身高均等。

(2) 依据性别分组。

同性别分组有利于根据性别选择不同的练习方法,提出不同的练习要求。混合性别分组有利于调动学生练习的积极性,发挥不同性别之间的优势,相互促进,相互弥补。在对身高和体能要求较高的练习中应该使用同性别分组,如扣球、扣防对抗、较高水平的比赛练习时。

(3) 依据学生的水平分组。

相同水平分组有利于根据不同水平提出不同的练习要求。对有困难的学生组给予特别的指导帮助,给水平较高的学生组增加练习难度,以调动学生的积极性,促进其更好地发展。"以好带差"分组可以促进学生间的相互交流与帮助,既能发挥学生榜样的作用,又能提高学生的能力,同时可以提高整体的技术战术水平,还可以增加水平稍差学生的自信心,让这些学生在同伴的带领下完成串联和比赛,享受气排球运动的乐趣。这种分组形式适合在课程学习的中后期使用。

(4) 依据专位分组。

这种分组主要可以分为二传组、主攻组与副攻组,其有利于学生专门技能的提高,也符合气排球比赛中职能分工的实际需要,特别要重视对二传学生进行专门的训练。在气排球普修课中,一般分成二传组和攻手组即可,实际运用时还可以变换学生的专位,促进学生相互间的理解,促进技术全面发展。这种分组适合在课程的后期使用。

(5) 学生自愿组合分组。

这种分组有利于学生间的相互交流,克服一些心理障碍。这种分组形式适合在课程初期使用,或在期末考试时有些项目允许学生自由组合。

需要注意的是:分组形式的选择要根据一堂课的教学内容和授课任务的需要来确定;要考虑提高学生的练习积极性,不伤害学生的自尊心;一堂授课中,学生练习的分组尽量一致,或便于改变分组人数,防止由于过多的变换分组浪费时间,影响课的练习密度。分组人数安排时要考虑在场地和球等条件允许的情况下,尽可能地增加学生的练习次数和触球次数,有利于提高技术的熟练程度。

（6）考虑授课内容及练习之间的衔接。

备课时要科学地安排教学内容，把新授课教材安排在学生精力最旺盛、注意力比较集中的时候。可以先复习旧教材，再学习新教材。要考虑气排球运动的特点、教材之间的关系、技能掌握的规律和授课的时间等因素。练习之间衔接紧凑，可以减少浪费的时间，提高练习密度。

（7）合理安排场地器材。

既要充分利用场地，又要保证必要的练习空间，防止出现伤害事故。备课时要考虑学生人数、球的数量、场地大小，以及是否有诸如挡网、墙、篮板等可利用。

（8）合理安排练习密度及运动负荷。

合理安排运动量，使运动负荷高峰出现在基本部分。运动负荷的控制要由小到大，逐步上升。也要安排不同强度、不同性质的练习互相交替，使学生得到适量的休息和调整。

在认真思考练习方法的选择、练习的分组、教学内容及练习之间的衔接、场地器材条件等问题后，练习密度就有了基本的保证。

第二节　训练文件的制定

气排球运动训练工作的任务：传授气排球运动的技术、战术、竞赛组织、心理等训练理论与方法，介绍气排球运动发展态势；培养学生分析问题和解决问题的能力，发展创造能力；培养学生顽强拼搏的精神和良好的体育道德品质。

一、气排球运动训练计划的定义

气排球运动训练计划是对未来气排球运动训练过程所预先做出的理论设计。这种设计是在以往训练实践的基础上总结成功经验、吸取失败教训，并不断予以总结而形成的，是有利于提高运动水平的一种科学手段。

二、制订气排球训练计划的目的

制订训练计划的目的在于科学、合理、迅速地提高运动训练水平。通过训练计划可使全队有统一的认识和行动，以明确目的、端正态度、调动积极性，并可对各阶段训练进行诊断，对各个环节做出评定，以便进一步修改、充实和完善训练的全过程。

三、制定训练文件的意义

加强科学训练的首要任务就是制订切实可行的训练计划，训练计划是对未来训练过程预先做出的理论设计。

一个球队的育成，一个运动员的成长，具有阶段性和长期性的特点，必须有相应科学的训练计划。制定训练计划能使教练员、运动员明确训练任务和总结训练工作，避免训练工作的盲目性。

四、训练计划的分类

(一) 根据训练组织安排的特点分类

(1) 个人训练计划。

(2) 集体训练计划。

(3) 混合型训练计划。

(二) 根据训练时间的长短分类

训练文件主要有：多年训练计划、全年训练计划、阶段训练计划、周训练计划和课时训练计划。

1. 多年训练计划(即长远规划或远景规划)

多年训练计划是一个多年的总体设想和指导性计划，是制订全年训练计划的依据，具有战略意义。其内容包括：总任务、总目标和队员的年龄、性别、思想作风、体能、技术、战术、心理、智力、特点等，以及本队的技战术指导思想、战术风格、发展创新的设想，逐年应达到的目的、指标、要求及为实现这些目标、指标所采取的步骤和措施。

在制订多年训练计划时，应考虑以下几点。

(1) 深入研究、分析当前国际、国内气排球运动发展的趋势和动向以及气排球运动发展的内在规律和特点。

(2) 明确本队的技战术指导思想，并结合本队的特点，注意新技术、新战术的运用。

(3) 考虑本队队员的年龄、思想作风、体能基础、技战术水平、特点、发展潜力以及今后可能训练的年限等。

(4) 考虑气排球运动规则的发展和修改趋势,合理运用技战术。

(5) 考虑到后备力量的来源和新老交替。

(6) 在整个训练过程中,要随时收集训练和比赛信息,并及时对计划做出修改。

2. 全年训练计划

全年训练计划是以一个年度为一个周期的训练计划,是制订阶段训练计划的依据。其内容包括:全年训练周期的划分,训练的总任务、总目标,本年中对思想作风、技战术和体能等方面的具体要求;全年训练的重点和比赛的安排;各周期的训练重点以及体能、技战术、比赛的比重;提出技战术训练和体能训练指标,安排好各周期运动负荷。全年训练计划的周期划分,一般有单周期(全年为一大周期)、双周期(全年为两大周期)和三周期(全年为三大周期)。

3. 阶段训练计划

阶段训练计划是全年训练计划中某个阶段的计划,是与竞赛任务联系最密切也是具体执行的计划,是制订周计划的依据。制订周期计划要依据全年计划,参考上一个周期计划的执行和完成情况以及比赛中暴露的问题,本周期训练地点、条件,以及是否参加集训和比赛任务等。

制订周期训练计划的内容应包括:

(1) 确定训练时间、任务、内容、比重及运动负荷安排,区别对待措施及考核内容、方法和要求等。

(2) 任务和指标(包括思想教育、技术、体能和比赛指标)。

(3) 技战术指导思想及队列的风格。

(4) 业务理论学习的内容和安排。

4. 周训练计划(小周期)

周训练计划是一周的训练的详细安排。周训练计划的具体内容应包括:每天训练的次数和时间,重点训练内容和一般训练内容,技术、战术、体能训练和心理训练安排的比重,运动负荷的大小及训练手段等。

5. 课时训练计划

课时训练计划(教案)是每一堂训练课的安排。其内容应包括授课的主要任务,准备、基本、结束部分的内容、重点、运动负荷、要求、时间分配、措施和授课的小结等。

五、气排球运动训练课的结构

气排球授课的结构是指一节课的基本组成部分以及各组成部分之间的顺序安排、时间分配和相互关系。合理安排气排球授课的结构，对上好一节课具有重要意义。

气排球授课的结构可以分为准备部分、基本部分和结束部分。这三个部分都有各自的主要任务、内容和组织教法要求，但三者又是一个紧密联系的完整体系。在考虑气排球授课的结构时，不仅应在各个部分里遵循教学过程的一般规律，还应注意从授课的整体上遵循人体生理机能活动变化的规律。

（一）准备部分

准备部分的任务是用较短的时间将学生迅速地组织起来，通过一般性的各种走跑练习、各种徒手操或球操练习、集中注意力练习、队列队形练习、游戏和专门性的活动练习，使身体各器官系统机能尽快进入工作状态，为基本部分的学习做好充分的准备。准备部分的组织通常采用集体形式进行。在 45 分钟的课中，需要 8～10 分钟；在 90 分钟的课中，一般为 15～20 分钟。

（二）基本部分

基本部分的任务是学习或复习气排球运动教学大纲和进度表中所规定的重点教材和一般教材。同时使学生的生理机能处于适宜的兴奋状态，保持人体工作能力处于最佳水平，学习、改进和掌握气排球基本知识、技术、战术，提高运动机能，发展身体素质，提高学生的体能，培养学生的实践操作能力。

基本部分的组织应根据气排球运动教学教学目标、教材内容与性质、学生特点、场地器材和设备条件采用相应的组织形式。总体来说，气排球授课的基本部分应遵循最大限度地利用场地、最大限度地利用器材和使学生最大限度地接触球的原则进行。在 45 分钟的课中，大约占 30 分钟；在 90 分钟的课中，一般占 65～70 分钟。

（三）结束部分

结束部分的主要任务是根据基本部分最后练习的性质、负荷大小，选择轻缓的舞蹈等身体和心理放松练习，使学生的机体逐渐恢复到相对安静状态，同时简要地进行授课的讲评和小结，布置课外作业等。结束部分的组织通常采用全班集体形式进行。结束部分时间占 5 分钟左右。

六、气排球运动训练课结构的构成原理

运动员有机体在运动过程中机体活动性表现出的变化规律是训练课结构的生物学基础。这种变化规律分为三个阶段，即进入工作阶段、稳定阶段和疲劳阶段。

在进入工作阶段之前，中枢神经系统和植物性机能活动随着机体有意识完成某种工作时的准备，已经进入了工作前的兴奋时期。通过安排适当的练习，对即将完成的技术、战术等做了准备。在进入工作阶段后，随着运动性和植物性机能活动的进一步协调，有机体工作能力达到相当稳定的水平，进入稳定阶段。在工作能力处于稳定的水平时，训练课的主要练习使有机体机能系统的紧张性得到增长，有机体机能量储备有所消耗；与此同时，疲劳过程也就随之逐渐发展。疲劳过程实际上存在三个阶段：第一个阶段是潜伏性（补偿性）的疲劳过程，这时完成练习的效率并没有下降，疲劳的程度处于“可克服”的状态；第二个阶段则是明显的疲劳过程，此时练习动作的生物力学结构、战术配合的流畅性被疲劳逐步破坏，完成技术、战术的动作发生困难；第三个阶段表现为工作能力大幅度降低。将运动员有机机体、机能活动性变化的三个阶段的规律与人为控制的教育学过程相对应，就可以把训练课划分为准备部分、基本部分和结束部分。

七、气排球训练课的类型

（一）技战术训练课

技战术训练课以提高运动员技战术水平为主要目的，技战术训练课要注意合理安排技战术训练的程序，并选择有效的技战术训练手段。

技战术训练课的负荷应该根据训练任务有所变化。在初学阶段，主要是学习与掌握气排球技战术，负荷强度较小，应安排较大的负荷量；在巩固提高阶段，为适应比赛的需要，提高技战术水平，负荷强度较大，应安排适当的负荷量。

（二）身体素质训练课

身体素质训练课分为一般身体素质训练课和专项身体素质训练课，大都安排在训练的准备时期进行，主要通过各种训练方法和手段，发展运动员的一般和专项身

体素质，提高和保持身体机能水平，负荷强度和负荷量相对较大。身体素质训练课一般都安排两种以上的身体素质训练内容，以发展运动员不同的运动机能。一般情况下，快速力量练习和速度练习应安排在课的前半节进行，当运动员感到有些疲劳时，可安排发展耐力素质或力量素质的练习。

（三）比赛课

在训练的不同阶段，为提高技战术水平，培养实战能力和提高运动员之间默契配合的能力，可安排比赛训练课程，比赛课的合理采用还可使运动员在正式比赛中发挥正常水平，克服临赛紧张情绪，从而获得最佳的训练效果。比赛课的负荷强度较大，甚至超过了正式比赛强度，为正式比赛中正常发挥技、战术水平打下了基础。

（四）测验课

测验课大多安排在准备期的后半段或赛前训练中，在一个阶段结束时，也大多安排测验课，以检查训练效果，为下一阶段训练计划的安排提供参考依据。测验课要按训练计划的要求安排相应的测试项目和测试方式，以便准确、客观地反映运动员的训练状态。

（五）综合训练课

综合训练课在训练过程中安排得比较多，在课上通常将不同的训练内容交替安排。综合训练课的安排要注意不同训练内容的合理组合。在一次训练课中，要先进行技战术训练，后安排身体素质训练，同时要注意负荷的合理分配，以便运动员能依次完成全部训练内容。

八、气排球训练课的组织

气排球训练课的组织主要有运动员的组织、作业的组织、授课的时间和负荷安排四个方面。

运动员的组织有两种形式，即集体训练形式（成队或小组）和个人训练形式。在实践中，常常将两种形式结合在一起执行。在一次课中，既有集体练习，也有个人训练。

作业的组织是指训练课作业进行的程序及作业内容的组织，一般是先进行基本技术练习，后进行战术配合、全队战术练习和比赛训练。根据练习程序及内容，采取个人、小组、全队的组织形式进行训练。

合理安排训练课的运动负荷，对训练课的效果具有重要的作用。在制订某一次训练课计划时，要力争做到以下两点：① 训练内容要有足够的难度与要求，使之能成为促进运动员运动机能能力的有效的刺激因素；② 要使训练计划与运动员的训练水平和机能状态相适应。

同时，还必须注意以下两点：① 必须保障在疲劳逐渐发展条件下的训练达到一定的训练量，只有这样，才能在达到极限负荷量的同时达到需要的应激性和较高的训练效应；② 在出现明显疲劳状态下，训练活动的持续时间不应太长，以免对运动员的技术训练水平和心理状态产生不良影响。

九、气排球运动训练课计划的格式

训练课计划的制订，要求更为具体和详细，不仅要讲究训练手段，提出负荷要求，而且还要考虑场地器材、组织形式及制定现场恢复的措施，考虑如何记录、评价训练课的进行和计划执行情况。

十、制定气排球训练计划的依据

(一) 从本队的实际情况出发制订计划

(二) 从国内外气排球运动的发展趋势制订计划

(三) 从气排球运动相关的发展规律制订计划

1. 从得失分规律考虑

气排球比赛胜负的得失分规律是：多得分、少失分，首先得满胜局分。加强得分技术训练，提高失分技术和关键环节的训练；加强关键球、关键局和开局训练。

2. 从攻防转换规律考虑

气排球运动攻中有防，防中有攻，攻防随时转换。应树立以攻为主的训练指导思想，形成自己的特点和风格。加强一攻、反攻、推攻和保攻各个环节的训练。

3. 从规则发展规律考虑

有利于公平竞争，有利于攻防从平衡→不平衡→平衡，有利于观众欣赏，有利于电视台转播，有利于比赛时间控制，气排球规则正向着竞技气排球、观赏气排球和大众气排球方向发展。

4. 从比赛制度规律考虑

气排球比赛制度一般有循环制（单循环、双循环、分组循环等）、淘汰制（单淘汰、两败淘汰、任取淘汰等）、混合制（先分组循环后交叉赛、先分组淘汰再循环）和主客场制等（主客场单赛制、双赛制）。比赛时间和地点既可集中，又可分散，或进行拉练式比赛。为此，应熟悉有关比赛制度，平时应加强适应性训练。

5. 从参加竞赛和主要对手状况考虑

6. 从比赛时间、地点、气候、设施和竞赛规程要求考虑

7. 从竞技状态形成的规律考虑

训练的主要目的是使运动员获得最佳竞技状态，在比赛中取得优异成绩。竞技状态形成与发展的过程是：首先获得竞技状态，之后保持竞技状态，最后是竞技状态的暂时消退。这三个循环阶段是有规律的。获得竞技状态应具备的条件是：提高运动员的健康水平，全面发展运动员身体素质和意志品质，改进原有和掌握新的动作技能与技巧，提高各器官的机能能力，加强专项素质和技能的训练，使其高度完善。但是，如果训练不当，伤病事故发生，生活缺乏规律，初步形成的竞技状态也会受到破坏。保持竞技状态在训练中要注意合理调节训练内容、负荷量、方法手段和训练时间等，防止偶然因素（气候、交通等）的影响。加强心理、智能和作风培养。当训练和比赛的负荷强度达到极限水平时，神经系统的调节能力衰退，竞技状态也暂时消退。为此，要改变训练安排，向新的阶段过渡。

十一、制订气排球运动训练计划细则

气排球运动训练计划是实现气排球运动训练目标的未来训练活动的蓝图，是对未来训练活动预先做出的理论设计。因此，气排球运动训练计划应给出为实现运动训练目标应做什么和怎样做的详细方法与程序。制订气排球运动训练计划的一般程序包括：明确气排球运动训练计划目标、运动员起始状态诊断、确定达标手段、制定计划细则、运动训练计划评审、运动训练计划审批和输出气排球运动训练计划等几个子程序。

（一）怎样明确气排球运动训练计划目标

气排球运动训练计划是以气排球运动训练目标为出发点，我们是为了实现某一气排球运动训练目标才进行气排球运动训练。由于气排球运动训练目标比较概括和抽象，不具有可操作性，因此，当我们制订气排球运动训练计划时，首先应对气排球运动训练目标进行系统分析和分解，这就是明确气排球运动训练计划目标。

为了对气排球运动训练目标进行系统分析和分解，我们首先应在预测的基础上，将名次目标转化为竞技能力目标，然后对竞技能力目标进行系统分析和分解，再进一步将其指标化和任务化。在此基础上，还要将各层次的目标按时间序列分解。通过明确气排球运动训练计划目标这一子程序，可以使气排球运动训练目标更加明确、具体，并构成一个完整的、具有可操作性的计划目标体系。

明确气排球运动训练计划目标的过程，是教练员对气排球运动训练规律进行深层次理解和认识的过程，也是对气排球队和每位运动员竞技能力情况进行系统分析和认识的过程。

（二）如何对气排球运动员起始状态进行诊断

"诊断"一词源于医学术语，它是指在检查病人的症状后，判断病人的病情和发展情况。延伸到气排球运动训练中，气排球运动员（队）起始状态诊断是指根据气排球运动训练计划目标，对运动员（队）相对应的起始状态进行检查判断，找出它与目标之间的偏差，分析存在偏差的原因和发展情况。对气排球运动员（队）起始状态进行诊断，实质上是对气排球运动员（队）由起始状态向目标状态转移的"问题"的分析和判断。为了保证起始状态诊断的科学性，应使诊断具有有效性、客观性和可靠性。

（三）选择实现目标的手段

通过对气排球运动员（队）起始状态的诊断，使我们掌握了气排球运动员（队）的起始状态与计划目标状态的差距和原因，此时，我们的任务就是寻找和消灭差距，使整个气排球运动员（队）由起始状态向目标状态转移，最终实现气排球运动训练计划目标。这里所讲的手段是指宏观原则的对策。这些内容应作为气排球运动训练计划的说明附在气排球运动训练计划中。

（四）制订气排球运动训练计划细则

制订气排球运动训练计划细则，就是将实现气排球运动训练计划目标的手段进一步具体化。其主要包括运动训练阶段的划分、训练任务和内容比重的确定，规划运动训练负荷，选择气排球运动训练的方法和手段，确定恢复的措施，确定检查评定的内容、指标、时间、方法和手段，明确规定训练的时间等。

第七章　气排球科学研究方法

本章详细介绍了科研的基本程序和方法，论文写作的基本程序及规范指导等内容。教学重点是了解和掌握论文写作的基本程序和规范。气排球运动科研的发展和水平的不断提高，是与科研的方法和技术手段的不断进步、丰富和发展分不开的。现代科技研究的成果越来越多地被引入气排球运动领域，在具体运用多种研究方法时，则表现出极强的综合性，综合运用多种研究方法是气排球运动科学研究发展的重要趋势。

第一节　科研的基本程序

气排球运动的科学研究程序也和其他科学研究一样，最本质的有两个阶段。一是掌握反映研究对象的丰富和真实的材料。二是对所积累的丰富材料进行理性的加工，以便获得反映事物的本质、事物内部的规律性，即达到理性上的认识。

由于气排球运动的科学研究是一个专门以探索客观真理，把人们对气排球运动客观认识逐步向前推进为任务的过程，并且是在接受前人成就的基础上，有目的、有计划地对一个专门问题进行探索的过程。因此，它具有高度的时间程序。这个程序通常由以下几个步骤构成。

一、选　题

选题是在确定研究方向的基础上，选择与决定研究课题。其中，研究方向是指研究问题所归属的学科领域和研究范围。选择科研课题是科研工作的第一步，同时也是科研准备阶段所必须进行的重要步骤与重要任务，关系到整个研究结果，必须先经过深思熟虑。从初步暂选题目发展成为最后定论的题目，须经过一个严密的思考过程。

在确定暂选题目以后，应该考虑以下三个问题：

(1) 从暂选课题出发，拟出几个具体的研究目标，并且认真考虑这些研究目标是否对气排球运动的发展有一定的理论或实践意义。

(2) 是否能有足够的客观条件完成这个课题，例如：必需的资料、设备、时间、研究对象的协作、经费等问题是否能得到解决。

(3) 课题的难度是否与自己的水平、能力、经验、专长相适应。

具体的研究目标确定以后，必须大量阅读与课题有关的文献。通过查阅文献，可以了解所要从事研究的领域内，前人已经做过哪些研究工作，已经取得了哪些成绩和经验，还有哪些方面需要继续研究。忽视查阅文献这一步，可能使研究者重复前人已经解决了的问题，或不知道借鉴前人好的研究方法来为自己的研究服务。

经过上述工作步骤以后，便具备了设计研究方法的条件。不同的研究目标、不同的研究对象都有不同的性质和特点，自然要求有不同的研究方法。应该根据自己所确定的具体研究目标，设计出最能全面、深刻地揭露研究现象且又切实可行的研究方法。这个设计应包括整个研究的步骤和顺序：观察什么、怎样进行观察，要做哪些实验，实验怎样进行，要进行哪些测试，收集哪些资料，用什么方法整理数据等。

二、提出研究假设

研究假设又称为科学假设或科学假说(有人亦称为理论假设)，它是研究者对研究问题的预期结果的假定性设想或解释，是形成和建立科学理论的预制品(初步模型)。假设不是随意猜想，必须有一定的科学和事实根据，并且要经受实践的检验。假设体现了研究者解决问题的基本构思，是整个研究工作的纲领与导向。多数研究课题应力求有明确清晰的研究假设。

三、选定研究方法

在确定了研究课题和提出了研究假设之后，就要考虑选择获取研究材料的各种研究方法，即验证假设的研究途径与手段。任何研究课题，都要选择适合于解决其研究任务的方法与手段，找到渡河的可靠的“桥”与“船”。这就要求从本课题的特点、性质、研究对象、研究范围、研究条件及假设的内容出发，去综合考虑与选择研究方法，以确保获得丰富可靠的材料，顺利完成研究任务。在当代体育科研中，一些研究方法具有共性通用的特点而得到普遍运用。如绝大多数研究课题都需要运用文献资料方法去搜集文献资料，为选定课题、验证假设和论述问题提供依据，都需要采用一系列逻辑方法、数学方法去分析研究资料，进行科学论证得出结论。根据不同类型的课题，还经常采用各大类学科的研究方法，其应用范围也较广，同类学科的课题均可运用。如体育社会科学类课题常用的社会调查法、专家调查(咨询)法、观察法；技术学科类课题常用的竞赛临场观察与统计法、教育实验法、测量与评价方法等。另外，在不同学科的研究中还采用具有某一学科特征的研究方法，如心理测试方法、生物力学实验与分析方法、生化实验方法等。上述不同类型的研究方法还根据研究需要经常交叉综合运用，以多角度、多层面地获取研究材料，客观地揭示事物的本质。但是，任何研究课题并不是采用的方法越多越好，而是要服从于研究任务的需要，并在可能条件下选择适宜的主要的研究方法与手段。

四、制订研究计划

研究计划又称研究设计或研究方案，它依据课题的研究假设对研究的过程与指标、运用研究方法的步骤与环节进行总体安排与计划，是科研课题具体实施的方案和依据。它对于保证整个研究工作的顺利进行具有重要的指导作用，是研究工作的行动纲领与蓝图。在周密思考后，最后用文字书面表述出来，可以用文字叙述式或表格分栏式表达。针对所有的研究课题都应该制订研究计划。

五、搜集研究材料

研究材料就是验证假设、论证问题，形成科学理论所需要的各种事实与资料，这是所有研究工作都要完成的重要内容。它具体包括：文献(情报)资料和经验事实两大类。文献资料是间接实践经验的表现，是过去实践经验与规律性的系统理论形式，即前人积累的科学理论与研究成果的集中体现。研究人员只有尽可能搜集较多的文献资料，才能充分了解本课题的学术背景与前沿动态，才能为验证假设、论证观点提供可靠有力的依据；也能为进一步调整课题修改与完善假设提供参考；还能从文献资料中获取信息、得到启示，改进研究方法和调整研究计划，行文所谓“言之有物”“言之成理”，其“物”乃各种可靠的研究材料(包括文献资料与经验事实)，其“理”则是对这些材料的科学加工的结果。没有一部伟大的著作不是在搜集和积累大量文献资料的基础上写成的，言之无物必行文不远，令人生厌，更何谈好文章。搜集文献资料既是一切研究课题的起点，又贯穿于整个研究过程之中，需要研究者“积铢累寸”“披沙拣金”的工作。尤其是体育社会学科类、基础理论类研究课题，主要靠搜集大量文献资料来为论文提供论据和形成假设，提出某种科学理论与观点。

经验事实是直接来自社会实践(包括研究者本人的实践活动)，来自各种体育实践活动的感性经验、感性材料和具体事实结果。它为研究课题提供新鲜、直接的研究材料，是科学研究中检验假设并提出新发现、新发明、新规律、新理论的重要先决条件。社会实践是产生一切科学理论的源泉，又是检验真理(包括作初级真理形态的研究假设)的唯一领域，许多重大的科学成果、科学理论是靠直接经验与客观事实而概括提出的。经验事实的表现形式多种多样，可以是各类实验研究中获取的原始数据、指标、事例、反应记录，也可以是调查、观察或参加体育实践活动而直接获得的第一手情况记录、数字、问卷材料、录音、录像、照片、图片、手稿、日记、手迹、图表及某些实物、标本等。

搜集文献资料与获取经验事实，是一个课题的研究过程中花费时间与精力较多的阶段，属于验证假设的前期阶段。它是研究者具体接触研究对象、深入社会实践或亲自参与实践、动手操作的过程，也是科学理论与实践相结合、科学认识在实践中不断深化的过程。因此，这一阶段的工作，既要有科学理论与方法的正确指导，又要求研究者具有勤奋顽强、勇于探索、不怕艰苦的精神，才能获取丰富可靠的研究材料。任何有价值的课题和研究方案，如果不能搜集所需的各种研究材料，则研究工作将半途而废。有好的课题也会因研究材料太单薄而使论文(成果)价值大为逊色。

六、对研究材料进行加工与整理

对所搜集的大量原始、零乱的研究材料，必须经过科学的加工处理分析，才能为验证假设、形成科学理论提供有效可靠的依据。它一般包括对定性(文字类)资料的整理分析和定量(数字类)资料的处理。

对从不同途径获取的文献资料和(定性类)经验事实，主要采用系统方法和各种逻辑方法进行加工整理。首先，要对资料进行汇总分类、检验、筛选和贮存，使零乱的资料分别进入研究课题的各自位置。然后，结合研究的主要任务，运用比较、类比、归纳、演绎分析、综合和系统分析的方法，对资料事实进行科学加工与整理。主要任务是：通过科学抽象建立新的科学概念，透过各种现象事实去发现问题的本质与特征，通过对事物间矛盾的分析比较，揭示可能存在的联系与规律，得出对研究问题的基本观点与结论。进而将这些分析结果与原来的研究假设相比较，以验证假设的正确性与完整性，从而对假设予以肯定、否定或修正。同时，这些通过科学加工而形成的结论与观点，又为以后建立科学理论（通过论文或专著的系统表述）准备了“元件”与“半成品”。

从各种实验、测量和观察中直接获取的数字材料，以及从调查中获得的需要加工为数据的有关材料（如调查问卷、笔记、手稿等），经检验筛选后，采用数学、统计学有关方法进行加工处理。一般按照原研究设计中对各类问题的处理要求（基于对假设的各种检验），进行常规统计处理和某种特殊处理。在具备计算机和现成软件包的条件下，上机处理数据可以大量迅速、准确地完成任务；少量数据亦可手工（计算器）处理。运用各类指标数据的处理结果，可以直接对研究假设中的某些问题进行抽象判断与检验；也可以结合定性资料分析整理的有关结论，对研究假设中的问题进行科学分析、对比和论证，以验证假设，提出结论，揭示规律。

这一阶段是验证研究假设的后期阶段，具有去伪存真、去粗取精、去表留本、综合验证的特点。其加工整理的水平如何，对科研成果的创造性、可靠性及达到的理论高度影响很大。如果说搜集研究材料是准备素材，那么加工整理就是理性概括、逻辑分析和创造性加工的过程；前者如采花，后者似酿蜜。对研究假设的检验在这个阶段基本完成。

七、撰写论文

研究者通过对以上研究材料的加工整理，最终获得了反映研究成果的基本论据、观点和结论，并依据这些“初产品”检验研究假设的合理性。如果原假设经验证可以成立，则原来的研究假设就可去除其“假定”“推断”的成分与特征，进而形成为真正、可靠的科学理论与结论。当然，有些研究（初次、小规模、小范围的研究）所形成的科学理论尚属初步不系统的理论，还只是提出了有一定科学依据的研究假设；因而，还需要以此为起点，继续进行深入研究。就整个研究过程来说，上述各种研究结果（加工整理形成的材料数据及据此而形成的基本观点结论）还是分散无序化的，是“元件”与“初产品”。作为系统化、规范化的正式科研成果，还必须经过科学组装，即用一系列逻辑方法和文字理论加工，按照科研论文的规范结构与论述要求，把研究过程及所获得的研究成果用文字完整系统地表达出来，最后形成科研论文。用书面形成表达的正式科研成果（除论文外，还包括研究报告、调查报告、学术专著等），是科学研究的系统总结与记录，完成这一工作，是任何科研工作程序必不可少的重要环节。论文既是科研成果的表现形式，又可以将它向社会推广或介绍，为指导体育实践服务。研究者在完成论文等成果后，按不同要求须经导师审阅或同行评议或公开答辩，或由管理部门组织课题验收与评审。

还有一种情况是，研究者通过对材料的整理分析，发现所得结论、观点与原来的研究假设不相符合（有的完全相反），这表明课题研究未取得预期的成功。其原因可能是多方面的。或者重新审视原假设的有关依据与合理性，重新提出或修改研究假设，从头开始研究或者检查研究程序、方法、手段的运用有无失误、仪器设备有无故障而导致研究材料的失真，如果是这方面的问题，则要改进研究方法与手段进行重新研究。或者审查各类材料的加工处理有无错误、失漏与混淆，再进行重新处理等。一般来说，未取得成功的研究不必写出论文，但可以对上述检查审核的有关问题进行书面总结，以为继续研究提供教训与参考。

第二节　气排球科学研究的范围与内容

气排球运动自开展以来，它的群众性、娱乐性、竞技性、观赏性特质受到中老年体育爱好者的喜爱，它的健身、娱乐、运动价值也受到众多研究者的热切关注。很多研究者对其进行了大量的研究，为气排球运动的快速发展提供了良好的理论与实践依据。查阅中国期刊网可发现，目前关于气排球的研究比较多。研究成果主要集中在气排球特征价值、技战术发展、规则修订以及发展对策等方面。

一、气排球运动价值作用研究

（一）关于气排球运动健身价值的相关研究

林永铭在对福建师范大学老年气排球队队员的观测中发现，夏季锻炼时运动中脉率达 98～132 次/分，冬季锻炼时运动中脉率一般达 90～122 次/分，运动后 10 分钟内恢复正常。为了参赛，福建师范大学老年气排球队队员进行了短期集训，由于运动量稍大，少数主力队员（年龄在 66 岁以下）脉率达 138 次/分。新规则出台之后，每场比赛的总时间一般情况下是 30～40 分钟，可以看出气排球运动是一项运动强度、负荷适中的有氧运动。从林永铭的研究可以看出，运动后心率处于一个合理的健身范围内，这也表明了气排球运动对老年人有较强的健身价值。

（二）气排球运动对心血管功能的影响相关研究

吴志富也在《浅谈气排球运动的价值》一文中提到，长期有规律地从事气排球运动会不断刺激和调整大脑神经活动过程的强度、均衡性和灵活性能，能增强脑细胞供氧能力，同时也能增强呼吸系统和心血管系统的功能，使心肌收缩更加有力，并增加每搏输出量，降低血管壁的脆性，延缓血管老化。

蔡志源从事研究气排球运动项目多年，拥有成熟的气排球运动调研经验和实践经验，经过对气排球运动的研究出版了《我国创新的气排球与项目展望》一书。在书中，他分析了我国自主创新的这项运动——气排球运动的起源，并对这项运动的新颖性和运动规律做了阐述。他认为，气排球运动在特征上和规则上保持着硬式排球的特征，又不完全同于普通硬式的新式排球。他还指出，这是一项集运动技术性、强身健身、娱乐性、观赏性于一体的运动项目，同时也是一项很适合中老年人健身娱乐的项目。

（三）气排球运动对神经系统的影响相关研究

神经系统的主要功能是调节人体其他功能系统的运作，所以神经系统的发达程度对人的体质强弱起着决定性作用。

河南科技学院的周建华在《论气排球运动的特点与锻炼价值》一文中提到：长期有规律地从事气排球运动，可以增强人的呼吸系统和心血管系统的功能，可以使心肌的收缩更加有力，增加每博输出量，增加血管壁的厚度，延迟血管老化。在气排球比赛过程中，通过对来球的判断和快速地移动步伐，可以改善神经系统的功能，使脑神经对运动神经的支配更加迅速和协调。通过他的研究可以看出，合理地进行气排球运动锻炼，可以提高神经系统的灵敏性。气排球运动的技术动作中运用手指、脚步的动作较多，手脚上有大量与神经系统有关的神经末梢，每次击球方式的不同就会产生不同的刺激，大脑也会做出不同的应激，长期进行气排球锻炼可以提高脑细胞的工作效率，从而延缓脑血管疾病的发生。

（四）气排球运动对心理健康的影响相关研究

心理健康指的是我们的情感状态和心智状态，也就是我们的所感与所思，是指我们洞察外部世界，并对其挑战做出回应，做出合理人生策略的能力。有研究表明，体育锻炼对心理健康有明显的促进作用。气排球运动作为体育锻炼的一种，经常参加这种运动也会改善不良的情绪，达到促进心理健康的作用。

概括起来讲，气排球运动对心理健康的促进作用有以下几点：减轻疲劳、提高自信心、提高自我认知能力、促进智力的发展和建立良好的人际关系等。现代人们追求轻松闲适、快乐自由的生活状态，长期参与气排球运动锻炼能有效地减少工作竞争压力和繁杂琐碎的生活带来的影响。从锻炼的形式和内容上看，在快节奏、大压力、强竞争的社会现实中，人们不断寻求能够缓解压力的解压器，而气排球运动不追逐功利且强调自由、轻松、刺激、欢乐的体验，正符合现代人追求解压器的现实，助其找到了缓解压力的方式；从锻炼者生理水平上来看，气排球运动可以强身健体，改善身体状况，提高免疫力；从锻炼活动过程来看，参与者不可避免地会对自己的行为习惯、运动能力等进行自我评价，促进积极自我认知。同时，长期坚持参加气排球锻炼，技术水平的提高、比赛的胜利都会提高参与者的自信心与自尊心，并且能在活动中寻求到安慰和满足。由于气排球运动负荷小，强度低，与竞技排球不同，没有过多竞争压力，因此，他们的最主要目的不是取得比赛的胜利，而是享受比赛带来的快乐，随之而来的是轻松愉悦的心情，在工作之余让紧张的心情得到放松。

二、气排球运动技战术研究

气排球运动作为一项体育运动项目，具有一定的竞技性，它的技战术水平是其竞技性高低的重要判断标准。研究者和学者在细致研究气排球运动特点的基础上，对其技战术进行了分析和研究，使气排球运动技术的提高和战术的进步有据可依，有根可循。主要研究成果有：

刘曼在《气排球的基本技战术研究》一文中提出：气排球在现代生活中是一项重要的运动，兼具娱乐休闲与比赛竞技，参与者的年龄层次比较广泛，老少皆宜，且这项运动存在诸多技术层面与战术层面上的技巧、策略。该文在调研相关文献以及多年实践的基础上，对气排球丰富的技术含量和战术含量进行研究分析，在基本技术和战术下，进行再创新。

林雪峰在《气排球创新传球技术分析及训练方法研究》一文中，在对比室内气排球技术动作和战术运用的基础上，提出了气排球运动运用的场地器材要求、规则特性要求等，在此基础上创新了气排球运动的技战术，包括双手抱球、单手托球等与室内排球完全不同的传球技术。这种气排球运动技术的创新，使更多的气排球运动参与者更好地掌握了气排球运动的基本方法，提高了气排球运动的基本技术，也为气排球运动的参与者、教练员以及裁判员了解和掌握气排球运动提供了帮助与支持。

朱懋彬在《浅析气排球的运动价值及基本技战术》一文中，分析了气排球运动和室内排球运动技战术的相同点和不同点，针对不同方面进行了图片的展示和详细的阐释，同时对气排球运动战术也进行了详解，研究成果的最后对气排球运动易犯错误等进行了方法的纠正分析，从而为气排球运动技战术的提高提供了理论支持与帮助。

三、气排球运动竞技规则研究

随着气排球运动进入全运会赛场，它的规范性得到了进一步的发展。国家气排球运动协会出台了一系列气排球运动规则，为气排球运动竞赛的规范性提供了规则的支持。众多研究者对气排球运动规则进行了解读和研究，提出了利于气排球运动规则发展的趋势，为气排球运动的可持续发展提供了良好的规则支撑。主要研究成果有：

刘利鸿等在《我国气排球规则发展趋势研究》一文中，在认真研究气排球规则政策文件的基础上，结合气排球运动的实践需要，对气排球的安全性、观赏价值等多个方面进行研究，提出了符合气排球运动普及与开展的气排球规则。这些气排球运动的规则，是综合其他多次修改与完善的气排球规则，结合当前气排球运动发展的需要提出的，有一定的实践性，能很好地指导气排球运动实践。

姚鲆等在《气排球与室内气排球竞赛规则的比较分析》一文中，在比较室内排球和气排球运动差异的基础上，对两种运动形式的竞赛规则进行逻辑分析，并结合文献资料，提出了气排球运动和室内气排球运动的侧重点，结合室内气排球规则，对气排球运动规则做出了必要的修改，促进了气排球运动竞技性的提高，也有利于该项运动在低年龄层次参与者中广受喜爱和广泛开展，从而使气排球运动在多个年龄段参与者中得到良好的发展。

郭泽心、姜丹在《气排球竞赛规则演变研究》一文中提出：竞赛规则是保证竞赛活动有序进行和持续发展的基本条件，竞赛规则的演变主要是为了满足新的目的，适应新的变化，而对规则进行修改是对竞赛规则的加强和完善，建立更利于运动发展的竞赛规则。该文通过文献法、访谈法等方法，对气排球运动竞赛规则的演变和发展变化过程进行研究，目的在于分析气排球竞赛规则的演变，为竞赛规则的加强和完善提供参考。

四、气排球运动发展现状研究

鉴于气排球运动对全民健身的重要作用，全国很多省、市、自治区开展了气排球运动，气排球运动在全国各地得到了极大的普及和发展。很多研究者对不同区域气排球运动的发展现状进行了细致的调查分析，为区域性气排球运动的发展提供了良好的理论依据，也为其他地区气排球运动的发展提供了良好的借鉴作用。主要研究成果有：

李超在《关于陕西省气排球运动普及现状的研究》一文中，在深入调查的基础上，结合前人的研究成果，以硕士论文的形式对陕西省气排球运动开展现状进行调查、研究分析，发现陕西省气排球运动项目开展较好。由于气排球集运动技术、健身、娱乐、观赏于一体，是适合青、中、老年人开展的球类项目之一，具有良好的发展前景。为使气排球运动能在该市更好地开展，笔者提出了相关的建议。

郭泽心在《郑州市群众气排球运动发展现状研究》一文中，以郑州市气排球运动开展的情况为研究对象，结合郑州市气排球运动参与者的参与情况，同时结合郑州市气排球运动开展的竞赛情况等进行调查分析，得出了目前郑州气排球运动开展的具体情况，例如比赛多、规模大、范围广、参与者多等，并分析了郑州气排球运动开展良好的影响因素。

汪华美在《聊城市中老年气排球运动的研究》一文中，以聊城市中老年气排球运动参与群体的参与特征、聊城市气排球运动参与的场地情况、设施情况、家人支持情况等进行了系统的调查和分析，提出了多项影响聊城市中老年气排球运动参与者的因素，为聊城市气排球运动的发展提供了良好的理论支持与帮助。

五、气排球运动推广策略研究

气排球运动的普及和发展，自身良好的特征是根本，但是要想成为走出国门、进入国际舞台的“国产”项目，为更多的国内外中老年体育爱好者服务，还要进行有效的推广和普及。多名专家学者在细致分析气排球发展状况的基础上，应用策略学、谋略学等知识，同时运用先进的分析方法，提出了气排球运动发展的有效策略。主要研究成果有：

靳强、金伟在《我国气排球发展策略 SWOT 分析》一文中，采用专家访谈、层次分析等方法，通过建立影响气排球项目发展的关键因素模型及计算各因素的权重，构建集定性和定量分析于一体的系统框架，并提出我国气排球项目发展策略。结果表明：我国气排球项目的发展应采取依靠内部优势、抓住外部机遇的增长型策略；在我国体育产业大力发展的国策下，结合全面建设发展需要，大力宣传气排球运动的项目特点和价值，在民众休闲意识提高的基础上大力开展气排球运动。

刘利鸿等在《我国气排球运动推广研究》一文中，结合前人研究成果，对气排球运动的全国发展情况进行了系统的阐述，得出了宏观性的研究结论，比如，南方发展气排球运动要优于北方，气排球运动的经费较少，来源渠道少，对气排球运动的蓬勃发展有一定的影响，同时，各地气排球运动发展不均衡，管理政策与文件不完善，规则也具有很强的地方性，全国统一性不足，等等。

蔡腊香在《气排球在全民健身中的作用与推广前景研究》一文中研究认为：在经济不断发达、社会不断进步、民众经济收入和生活水平不断提高的社会环境下，气排球运动因其特有的价值意义、特有的适合民众发展的特点，迅速成为广大民众喜爱的运动项目之一。作者又在对比分析的过程中，总结出气排球运动推广与发展策略，从而为气排球运动的发展提供了良好的理论指导。

六、气排球运动在学校开展的现状与可行性研究

于载欣在《对柳州市中职学校体育课开设气排球课程的可行性研究》一文中以柳州市中职学校为主要研究对象，从技术、心理、身体素质三个方面对气排球课程在柳州市中职学校开展的情况进行了研究。文章说明了与其他球类项目相比，气排球运动具有健身性、实用性、趣味性和技术简单等优点，在“以人为本”和“终身体育”的基本理念的指导下，使气排球运动在中职学校体育与健康教学过程中得到良好的发展。

姚鲆在《福建省高校开设气排球课程的可行性研究》一文中对福建省高校开展气排球的情况进行了研究与分析，包括部分高校气排球选修课的总体情况，部分高校气排球课程设置影响因素的分析。通过研究发现气排球运动具有广泛的适应性和群众性，可以使学生养成终身体育的意识、能力与良好的习惯。文章说明了要想使气排球运动更好地走进高校课堂，要加强学校管理者、任课教师对气排球的了解，构建清晰的教学理念，提高教师素质，从而激发学生学习气排球的兴趣，促进校园文化建设。通过对福建省高校开设气排球课程的认识与了解，为本文的研究提供了重要的理论依据。

梁益军在《高等学校公共体育开设气排球的可行性研究》中，从气排球运动对大众体育与竞技体育、对全民健身运动的影响，以及气排球运动便于在高校开展的原因，分析了气排球运动在高校开展的优势，其具有广泛的适应性，可面向全体学生，使学生形成终身体育意识。气排球运动在高校的开展对社会体育、学校体育的发展将起到良好的推动作用，也可以更好地促进气排球运动的普及与推广，气排球运动作为一个纽带，衔接了高校体育与社会体育，气排球发展得好能更好地促进学校体育与社会体育的进步与提高，二者是辩证统一的。

王枫在《河南省本科院校学生软式气排球运动开展现状的调查研究》中，介绍了河南省高校体育课的开展情况，分析了在高校开展软式气排球的优势与不足，通过对河南省本科院校的调查与研究，对体育工作开展情况进行分析与掌握。

谭小燕、邓丽群等在《浅析气排球在高校开展的可行性》中对目前我国高校开展气排球运动进行了可行性分析，在高校气排球教学以及训练实践的基础上，探讨了气排球技术难度较低、易学易掌握的特点，得出了气排球运动以其独特的魅力深受广大师生喜爱的结论。

七、气排球运动的运动损伤类研究

运动损伤是一个十分常见的问题，造成运动损伤的原因有很多，无论是什么锻炼项目都避免不了运动损伤，不同的运动项目有不同的技术特点，发生运动损伤的情况也会有所不同。气排球运动也跟其他群众运动项目一样，虽然运动量和运动强度相对较小，但在活动中仍然会有运动损伤的情况发生。

陈空清在《老年优秀气排球运动员膝关节损伤调查研究》一文中，对参加 2005 年全国气排球比赛的老年运动员进行调查，该文章认为造成老年人膝关节损伤的八大原因分别是：准备活动不充分、身体各部分肌肉力量不足、场地设施不齐全、技术动作不标准、运动负荷过大、过度疲劳未恢复、温度湿度原因、自我保护意识等方面的问题。

张明军在《我国优秀老年气排球运动员运动损伤调查分析》一文中，主要对运动损伤的部位、运动损伤的类型、运动损伤的原因进行分析，并就原因提出相应的建议。可见，科学的、有保障的健身对大众十分重要，但是这两篇文章的研究对象均是老年人，并未对其他参与者的运动损伤进行研究。

八、气排球运动的学校体育教学类研究

气排球运动在群众中的发展已拥有丰富的文化基础，但是大部分地区由于场地器材的紧缺、人力资源的匮乏和文化资源的落后，严重影响着气排球运动的文化传承与发展。

毛剑扬在《对气排球科学研究文献的综合评述》一文中提到：气排球作为一项群众体育项目就必须设法与学校体育接壤，而目前由于对气排球运动重视程度不够，调查研究力度欠缺，宣传力度太小，使得这项运动在很多地区依然开展不起来，或者是触及对象年龄层次出现断层，研究学校和老年人的居多，但中年人对这项运动参与甚少，针对这种现状，依然没有提出解决的途径，研究的片面性使得这项运动也出现发展不平衡。

所以说，将气排球运动列入学校体育课程是气排球运动的必然发展道路，有效地发挥学校体育的带动作用，让气排球运动在学校环境中发展其健身娱乐的带头作用。本研究也认为，学校中的优质教师资源、优良的体育场地设施和浓厚的文化氛围，都将带动气排球运动更好、更快、更有效地发展。把群众体育和学校体育相互结合发展，既提高了气排球运动的社会地位，又给学校体育注入了新鲜血液，也是为全民健身计划做铺垫。同时利用民俗文化带动学校体育的发展，能够使学校体育有一个社会化的发展，让学生能更好地了解社会和适应社会，提高学生对体育锻炼的认识，加强学生对体育锻炼的重视，形成终身体育思想，培养体育锻炼兴趣，为成为国家栋梁打好身体基础。因此，气排球运动在学校体育中的作用也将会尤为明显。

九、关于气排球运动特点的相关研究

（一）群众性

气排球运动的运动量和运动强度与硬式排球相比强度较小，属于中等适中的锻炼强度范围，同时又可以根据每个人自身的身体状况增加或减少运动负荷，从而达到更好的健身效果。另外，气排球对场地和设施的要求不高，活动比较容易开展，深受不同年龄层次群众的喜爱。

夏思永在《软式气排球、气排球、沙滩排球》一文中写道：气排球运动的组织形式具有多样性，在不同人群、时间、空间、地点等条件下，以竞赛、游戏、娱乐、健身为目

的，逐步发展成为花样繁多的活动组织形式。研究认为，在无气排球基础的气排球比赛中，发球失误现象时有发生，比赛中就会出现“发球定胜负”这种情况，这种比赛的健身效果很不理想，对运动员的参与积极性产生了极大的消减。在这方面，气排球则具有较高的锻炼价值，因为气排球球体的稳定性好，技术易掌握，发球的成功率高，比赛的回合就会增多，一个球打下来常常需要好几分钟，许多人在一场比赛结束后，表现出运动消耗大，运动强度自然就增大了。

王家宏教授也在《文化视野下的奥林匹克运动》中讲到奥林匹克运动会实际上是以体育运动比赛形式呈现的文化现象。开展体育运动，丰富体育文化，也是现代体育文化产业发展的一个重要方面。

总而言之，气排球运动属于中等运动强度的锻炼活动，参加者也可以根据自己的具体情况适当地增减运动量以满足自身需要。体育业的迅速发展得益于经济的高度发展，而现代体育锻炼不仅仅是为达到强身健体目的而进行的一种锻炼身体的途径，而且还被越来越多的人视作一种文化，人们开始挖掘体育文化的内涵。

（二）竞技性

气排球运动技术动作具有容易掌握、球体柔软伤害小的特点，增加了来回击球的次数和观赏性，进而使气排球比赛的回合增多，提高了气排球运动的竞技性，同时又不乏观赏性和趣味性，让参与者可从比赛中感受到运动的乐趣。虽然比赛中来回球较多，但由于球的重量轻且飞行速度慢，所以参与者的运动量并不是十分大。

耿金镯在《河南省老年气排球运动的发展现状》一文中提到气排球球体特点决定了它空中飘速较慢，基本技术也简单易学，发球的成功率高，比赛进行中球的来回次数比较多，一个球的胜负需要时间比较长，进而增加了一场比赛的总时间，由此增加了运动量。气排球运动也与传统排球一样，可以进行小场地两人对打、三人制、四人制、五人制、六人制等多种形式的比赛，满足了人们对组织形式不同的需求，使人们在多种多样的体育比赛和活动中体验运动带给他们的乐趣，通过参与气排球运动来满足他们身心的需要。

气排球比赛与传统排球比赛相比难度小，观赏性、趣味性强，对技战术要求不高，同时也继承了硬式排球隔网对抗的特点，气排球运动不需要长期有组织的系统训练就可以组织有效率的气排球比赛，与传统排球比赛相比，气排球运动竞技性不强，但健身价值较高。

(三) 娱乐性

气排球运动作为休闲体育的一种，是以娱乐身心、发展自我、增进健康为主要目的的体育活动，是人们利用闲暇时间改善情绪、提高体能的一种积极的生活方式。气排球本身的质地有亲和性，基本技术、战术、比赛规则等已经不断向健身、娱乐方面倾斜，且运动量容易控制，是非常好的休闲娱乐项目。从气排球运动最早的起源来看，其是退休职工闲暇时为了丰富休闲时间而发明的，平时上班较忙的铁路工人一旦退休，难免会从紧张的工作压力状态转变为失落、无事可干、孤独，与平日上班时的状态出现较大差别，参与气排球运动满足了他们健身和愉悦内心的需要。

谭翰哲在《柳州地区老年气排球运动开展的现状调查与分析》一文中写道：气排球作为集体娱乐项目，为改善老年人心情、为老年人的健身提供了良好的环境。老年人也在比赛的过程中宣泄了自己的情绪，拓展了自己的人际圈，老年人的交流从结队出发的途中开始，互相讲述每天的喜怒哀愁，发泄自己的情感，为对方提供建议，帮队友排忧解难。由此，我们可以推测气排球从起源原因就属于休闲健身的娱乐活动，在发展的过程中也将保持娱乐体育的休闲性。

第三节　气排球运动科学研究的基本步骤

一、科学研究的选题

(一) 课题的来源

科学研究有许多不同的类型，基础研究与应用研究、调查研究与实验研究、实证研究与综述研究等，研究者应当根据自己的研究兴趣和现有的条件进行选题，开展科学研究。选题是指在科学研究活动中选择气排球运动中尚未被认识和解决的或认识和解决得不完善的研究课题的途径及程序。

课题的来源大致有以下几方面。

(1) 气排球运动与其他相关学科，两门或几门学科交叉的边缘区。

随着科学研究的飞速发展，局限于某一学科领域进行研究已不能满足需要，进行相关学科中两门或者几门学科的交叉学科研究，是现代科学研究的新的发展方向。

(2) 气排球运动中的已有理论与事实之间的矛盾和冲突。

在已有的理论与事实之间的矛盾和冲突中进行相关研究,发现气排球运动理论与实践之间的关系。

(3) 对气排球运动科学研究中已有的科学假说进行实践检验。

对气排球运动科学研究中已经存在的科学假说进行进一步的实践检验,验证科学假说,提出新的研究思路与方法。

(4) 其他领域的新实验技术或新发明在气排球运动中的应用、推广、移植、改进和创新。

将其他领域新的实验技术的方法运用到气排球运动中,并在此基础上进行移植、改进和创新研究。

(5) 在已取得的研究成果的基础上进行追踪调查的研究。

将气排球运动中已经取得成功的研究成果作为基础,进行追踪调查研究,从中发现新的问题。

(6) 抓住研究中意外出现的新问题和新线索,调整研究课题。

在气排球运动训练与实践中,要有敏锐的感觉,善于发现问题,从意外出现的新问题和新线索入手,进行科学研究。

(7) 以失败的线索为借鉴,从反面提出新的研究课题。

借鉴气排球运动中失败的教训,从另一方面总结、归纳,提出新的研究课题。

(8) 从气排球运动教学训练的实践中提出新的研究课题。

在气排球教学训练的实践中,根据实践中出现的问题,提出新的研究课题。

(二) 选题的原则

(1) 根据个人兴趣选择课题。

选择课题时,研究者首先需要明确或者追随自己对气排球运动科学研究的兴趣所在,按照自己的兴趣进行科学研究是科学工作者体验满足和感受幸福的源泉。

(2) 根据理论需要选择课题。

解释和理解气排球运动的客观规律,建立和发展科学研究的理论体系,使其对气排球运动的实践产生具有普遍意义的指导作用,是体育科学研究的重要目的。在理论方面寻找科学研究的切入点可以从检验理论、质疑理论和评判理论等几个方面入手。

(3) 根据实践需要选择课题。

气排球运动科学研究的重要目的之一是解决实践中的问题,为气排球运动发展需求服务。通常,来自气排球运动实践中的课题大多属于应用研究,其研究结果具有直接的应用价值,能直接为气排球运动的实践服务。

(4) 根据创新发展选择课题。

体育科学研究要解决理论和实践中尚未解决的课题,为科学事业的发展和体育事业做出贡献,必然要求创新。新颖性、独特性和先进性是科学研究或科学探索的本质,也是选题时应遵循的基本原则。

(5) 根据科学理论选择课题。

科学选题必须在科学理论的指导下进行,必须以事实依据和科学依据为前提。如果选题违背了科学理论或缺乏事实依据和科学依据,研究就难以达到预期效果,也难以得出正确的理论。

(6) 根据现有条件选择课题。

根据研究者具备的主观条件和客观条件选择科研课题,即通常说的可行性原则。主观条件是指研究者完成课题所必须具备的科学知识、研究能力和工作经验以及对于科学研究方法掌握的深入程度和运用的熟练程度。客观条件是指完成课题所必备的信息系统、测量工具、仪器设备、主试和被试的人力资源、研究小组的人力资源、社会保障和社会支持系统以及可以支配的经费、时间等。

(7) 根据项目特征选择课题。

根据气排球运动的项目特征,从项目的本质特征中寻找和选择课题,才有可能产生更有影响力的研究成果。

(三) 选题的程序

(1) 确定研究方向。

研究方向是选题的基础,确定研究课题必须确定研究方向。研究课题展示研究方向,研究方向又限定研究课题。一般情况下,研究者应根据自身感兴趣的问题、熟悉的项目和现有的研究条件来确定研究方向。

(2) 查阅文献资料。

在确定研究方向的基础上,需要进一步了解这一方向的学术发展状况。首先,要从本专项、本学科的大量文献资料中搞清楚研究前沿状况,在了解情况的基础上选定课题。例如,在同一领域已研究过哪些课题?其水平如何?还有哪些空白区和遗留问题需要探索?别人的经验、教训是什么?等等。力求在学科发展前沿准确地找到自己课题的起点,寻找新的突破口。这样既避免重复课题,又能发挥自己的特长,确保课题的价值。其次,再结合自己在体育实践中的体会或观察,或他人的宝贵实践经验,或征求教师、同学、同行的意见,就可以初步提出问题。

大量(专项)技术学科的选题,还要充分了解各专项的发展趋势和研究特点,明确当前研究的重点和范围以及各专项研究的方法学特征,然后再结合个人优势选择课题。

(3) 课题论证。

课题论证是科学研究的核心内容,论证所引用的调查资料必须真实,只有真实的证据才能导出正确的结论;论证必须准确,只有准确的推证才能保证可靠的证明。

(4) 撰写论文或研究报告。

撰写论文或研究报告是研究过程的最后一步,是进行研究成果交流的主要形式,是研究者研究质量和作者水平的综合体现。高水平的论文或研究报告可以让读者获得最新的研究信息,感受科学研究中探索的激情、大胆的设想、巧妙的构思和严谨求实的作风。

(四) 科研选题中容易犯的错误

(1) 题目贪大求难,成为挑不起的重担。

体育科研中需要研究的问题很多,而且大小不一,初搞科研的本科生、研究生中,有人往往贪大求难,选择范围广、难度大、要求高的大题目,以为这样才能出成果、有价值。如果这样选题,就会选一些内容多、份量重,完成很困难甚至根本无法完成的题目。大题目好虽好,但往往是“选时容易做时难,无处着手无力担”。在科研上不要轻视小题目,小题不小,小中见大,小题中有大问题,小题可当大题做。另外,小题目还易于掌握、设计,便于周密构思,利于分析,精细深透。而且,先搞一些小题目研究,方能为今后承担重大课题做好准备。如“关于中日两国学校体育的比较研究”“论武术的理论基础”这些题目根本不是一个科研新手在短期内能完成的。

(2) 选择无价值、内涵少的小题目。

前文虽主张小题大做,但其前提是小题目有研究价值、有重要意义,并能深入进去发掘问题。但如果以为所有小题目都好,甚至越小越好,以选小题目为捷径,图省事，那就从根本上违背了选题的原则要求。如果把重大课题比喻为一座高山，其风景、路径、险峻，自然多姿多彩，攀登起来亦是峰回路转、柳暗花明、风光无限。小课题像一座小岛、一座庭院，登小岛、入庭院亦可细观结构与特色。而无价值的小题目仿佛露出水面的一块大石头，登上去后几乎没有什么细察深究的余地，孤零零、干巴巴，如此而已。

(3) 论域不明，题目的内涵与外延不一致。

在体育科研论文中常见到这种弊病。论域是指研究论述的具体问题与范围，不少研究者的论文题目通病是：问题内涵小、外延大，论域太广，出现以偏概全、以少代多、局部代整体的题目。例如，有人对某省(市)某问题的研究冠以“我国”的范围，对某省(市)运动队某问题的研究笼统冠以“我国高水平运动员”的定语，对某项目一两种技术的探讨表述为“关于××项目技术的探讨”，等等。正确表述应当力求：凡是研究问题的数量就直接表述出准确数字，问题的层次一般表达到中心词的上位层或相邻范围就可以了。

(4) 题目太长。

有的人总想把研究的主要问题都集中体现在题目上，但又不善于概括简化，便形成一个啰里啰嗦、令人不解的题目。虽然题目无文字数量的统一规定，但力求越简练越好，题贵简，文贵曲。

(5) 题目文字表述不通、有语法错误。

初搞科研的人对科研题目的规范表述、要求不熟悉，易出现文字表述不通和语法错误，还有人因文字水平较低、语言表达能力较差，也常出现这种情况，使科研题目在文字上不通顺，词不达意，令人费解。例如，“学生在校被认定地位对体育效果的影响”“在我校体育教学中数字口令与动作节奏的应用”“对我校三好学生中身体好的初控”，等等，这些题目语病较多，结构不妥，用词不当，题意不明。因此，科研题目的表述在文字上要反复推敲，仔细斟酌，语法严谨，搭配合理，使人一目了然。

二、调查方法

(一) 文献资料法

文献资料法是指通过查阅文字、音像及网络等查找文献，收集研究课题所需要的有价值的资料，为选择、确定、论证和解决研究课题提供理论依据的一种研究方法。

1．文献资料查找、阅读、积累和引用的方法

（1）查找文献资料：

文献资料查找可分为追溯法和索引法两种。追溯法是通过学术书刊后面所附的参考文献，逐步追踪查找其他相关文献。索引法是利用检索工具直接查找文献。索引法又分为两种：一种是分段法，即根据课题需要划分出一段时间范围查找文献；另一种是顺查—倒查法，即从课题的原始研究年代起，一直查到现在，称为顺查；从近期逆时间查找，称为倒查。

（2）阅读文献资料：

文献资料阅读多采用泛读和精读，泛读就是通过浏览摘要、引言、小标题和结论等，对文献的概要有大致的了解。精读就是在泛读的基础上，熟悉其重点内容，掌握主要论点、论据和结论等。

（3）积累文献资料：

文献资料的积累，其主要内容应该包括：文献资料发表的出处、时间及作者姓名，研究主题，研究对象，试验程序与方法，论证论题的事实依据，研究结论，尚未解决的问题等。

（4）引用文献资料：

引用的文献资料必须是作者阅读过的，并与论文主题密切相关的，其出处必须准确无误，而且是可以查到的。引用的文献资料必须是原文中的原文，其中包括标点符号。

2．文献综述

文献综述是在全面收集与课题有关资料的基础上，通过归纳、整理和分析，对一定时期某一学科或专题的研究结果进行系统的、全面的综合叙述和评论。

（1）文献综述的功能：

寻找选题的切入口。文献综述是对大量的原始文献中的大量数据、资料和主要观点进行归纳、分析和整理而撰写的研究成果。文献综述要全面、完整、系统地反映国内外某一学科、某一专题在某一特定时期的发展状况和趋势，并确切地反映其最新的动态、进展、原理、技术和方法等。通过文献综述，可以帮助研究者及时而准确地捕获科学研究的前沿课题。

阐述选题依据。阐述选题依据即阐述该课题研究的价值，需要通过国内外相关研究的结果的分析，阐明这个研究课题前人做了哪些工作，做到什么程度，有什么理论上和方法上的失误；本研究应该如何做。

支持研究结果论证。通过高质量的文献综述，可以使研究者获得大量的可以利用的论证素材。这些论证素材可以帮助研究者在撰写论文的结果与讨论部分时，作为论据加以使用，从而增强论文研究结果的说服力。

（2）文献综述的结构：

① 前言简要说明综述的主题、问题范围与基本概念。

② 综述主体，综合叙述问题。

将主要观点与相应内容材料，按一定的逻辑层次，系统地展开综合叙述、分析与概括。所叙述的体系结构应尽可能地与研究的主要问题相对应。在表述时应注意：

a. 综合与概括资料的全面性、客观性。

b. 以观点、问题为纲（体系的框架）展开综述，以充分确凿的文献资料去说明论证观点。做到观点明确、问题清楚、概括简练、材料内容丰富可靠。避免干条式、无内容、缺材料的综述，或无概括、无观点、无层次地堆砌资料。

c. 突出中心问题的综述。

d. 对不同学派、观点的评价，对前人成果的总结，要历史地、客观地、全面地说明，避免个人偏见，避免实用主义、断章取义。

e. 引用材料要力求代表性、针对性和准确性。

③ 小结部分。对全文进行概括总结，文字简短。

④ 参考文献目录。

（二）调查法

1. 调查方法

在气排球运动科学研究中最常用的调查方法有问卷法、特尔菲法（专家调查法）、现场调查法和追踪调查法。

（1）问卷法：

问卷法是指利用问卷这种控制式的测量对所研究的问题进行度量，从而收集事实材料进行研究分析的方法。一份完整的问卷一般包括简短的说明词和问卷正文两部分。

（2）特尔菲法：

特尔菲法是指以信函的方式征询有关专家对某个重大问题的意见，并根据意见进行直观预测的方法。基本程序是：将要预测的内容写成明确的问题，连同有关的资料、信息和情报函寄给经过选择的专家；专家在互相不通信的情况下回答问题；集中专家的意见，总结归纳出一个结果；将归纳的结果再反馈给专家，专家根据归纳结果再次综合分析，提出新的论证意见寄回。这样反复多次，使意见趋于集中，最后得出预测结果。

(3) 现场调查法：

现场调查法是指对现场当时正在发生的情况进行调查。这种调查通常在较短时间内对某一特定的“时点”进行观察。

(4) 追踪调查法：

追踪调查法是指对调查对象做有间隔的、较长时间的观察，从几年到十几年不等。

2. 调查的步骤

调查研究的步骤一般分为准备、实施和总结三个环节。

(1) 调查前的准备。明确调查目的；熟悉调查对象；学习相关知识；制定调查计划，拟定调查提纲；做好必要的物质准备。

(2) 调查的实施。按调查计划、提纲收集、记录材料和事实，并对所收集的材料和事实进行核实和初步处理。

(3) 调查工作的总结。对调查材料与事实进行分析和归纳，并撰写调查报告或学术论文。

(三) 观察法

1. 观察的类型

观察法根据不同的研究需要有多种类型，如感官观察、仪器观察、定性观察和定量观察、随机观察和系统观察等。

2. 观察的步骤

(1) 制订观察计划。观察计划包括观察的目的和任务、观察对象的选择、观察地点与时间、观察指标的选择、观察仪器设备的选择及具体要求等方面的内容。

(2) 观察前的准备。与观察工作有关的单位取得联系和配合；了解和熟悉观察对象的一般情况；备齐观察所使用的仪器设备，掌握仪器设备的操作性能，并对仪器设备进行校准和调试。

(3) 观察的实施。在观察实施过程中应注意的基本要求：操作程序应有具体的规定；观察时要遵循全面性原则和典型性原则，切忌主观片面；尽量按照原观察计划进行观察；一次观察的内容不宜过多；观察人员要保持注意力高度集中；多人合作观察时，职责和分工必须明确；要防止人体感官感觉和仪器的误差；观察工作结束后，应及时整理获得的事实材料。

(四) 实验法

实验法是指研究者根据课题研究的目的和任务，通过科学仪器和设备，有目的地干预、控制或模拟所研究的事物，以便在最有利的条件下对其进行观察，从而获得科学事实的研究方法。

1. 实验法的类型

按照不同的分类标准，实验法有不同的类型，如定量实验、定性实验、对照实验、模拟实验、析因实验等。在气排球运动科学研究中，常用的实验方法有以下三种。

(1) 定量试验。用来深入了解事物和现象的性质，揭示各因素之间的数量关系，确定某些因素数值的试验方法。

(2) 定性试验。是指判定研究对象具有哪些性质，或鉴别某些因素是否存在、某些因素之间是否有联系以及某个因素是否起作用，或者探索研究对象具有何种结构性的手段与方法的优化研究。

(3) 对照试验。是指对两个以上有个别变量不同的实验组获得的结果进行比较研究的实验方法。

2. 实验方案

实验方案是指对所要进行的实验过程预先做出的理论设计，其内容主要包括题目、目的、方法、试验时间、被试、施加因素、观察指标、实验步骤、实验记录、数据处理方法和仪器设备等。

3. 实验设计

实验设计是指根据实验对象的特点，合理安排实验样本、程序和次数，以提高实验效率，缩小随机误差，获得最佳实验效果，并使之能有效地进行统计分析的理论与方法。

4. 实验步骤

使用实验方法收集科学事实，一般要经过制定实验方案、实验前的准备、实施实验和整理分析实验数据得出实验结果四个环节。

三、科学研究的理论分析

在体育与科学研究中，对文字资料的分析主要采用逻辑的方法，称之为理论分析。科学研究的理论分析方法很多，如比较、分类、类比、分析、综合、概括、归纳、演绎、证明和反驳等。

（一）比较法

在气排球运动科学研究中，经常要用到比较法，这是一种应用较广泛的方法。例如，通过中国女排运动员和国外优秀女排运动员扣球挥臂速度的比较研究，揭示两者在手掌击球瞬间速度、击球点高度、击球瞬间手臂与躯干夹角等运动学参数。

（二）分类法

分类法是指将具有共同特点的个体研究对象归纳为一类或将具有共同特征的子类集合成类的逻辑方法。分类法在气排球运动科学研究中经常使用，可将大量庞杂的事实材料进行系统整理，揭示研究对象之间的内在联系，以做出科学预言以及揭示研究对象的历史发展规律。

（三）分析法

分析法是指将复杂的研究事物分解成各个部分逐一加以考察研究，从而认识研究事物构成或本质的一种思维方法。在分析动作时，为了保证分析的合理性和有效性，必须分析最基本的成分，寻找各部分之间的本质联系，并结合综合法和实验法等方法的运用。

（四）综合法

综合法是指将研究事物的各个部分、各个方面结合起来加以研究，从而在整体上把握事物的本质和规律的一种抽象思维方法。在气排球运动科学研究中，将某一动作的各阶段加以研究以后，把各阶段联系起来，考察它们之间的相互关系以及各阶段动作与整体动作的内在联系，借以把握其本质及规律。

(五) 归纳法

归纳法是指对大量的经验材料进行分析和整理，将其上升为理性认识，再从若干基础的理性认识推演为一般的理性认识，即由经验阶段跨入理论阶段的逻辑方法。在气排球运动科学研究中，归纳法就是根据一类事物部分对象与某种属性之间的因果关系，推出该类研究事物中所有对象都具有这种属性的研究方法。

(六) 演绎法

演绎法是指按照一定的逻辑规则从若干命题直接引出一个命题的逻辑推理方法。演绎法是构造科学理论体系最基本的方法，也是验证理论所不可缺少的手段。

(七) 论证法

论证法是指根据某个或某些判断的真实性来证明另一个判断的真实性的逻辑方法。论证由论题、论据和论证方式组成。在运用论证法时，论题必须明确，论据必须真实与充足，论证要合乎逻辑规律，才可以得出正确的结论。

四、科学研究的数理分析

(一) 描述性统计方法

在气排球运动科学研究中，当研究者实施实验后，收集到大量的研究结果，首先需要对数据进行初步整理，如统计分类和制作统计图表等；随后就要对数据的特征进行描述性分析，这就是描述性统计。对数据的特征进行描述性统计的方法主要有平均数、标准差、变异系数、相关系数等。

(二) 推断性统计方法

在气排球运动科学研究中，研究者为了判断观察实验的样本材料，例如，判定实验组和对照组两个样本统计值出现的差异是否真正存在于两个总体之间，也就是统计判断差异是由于抽样误差所致还是实验施加因素所致，就需要用到推断性统计方法。假设检验不仅是推断统计中最重要的统计方法，也是气排球运动科学研究中应用最广泛的统计方法。其主要方法有：独立样本 t 检验、配对 t 检验、单因素方差分析、两个独立样本非参数检验等。

(三) 多元统计分析方法

多元统计分析方法是解决实验数据中多个指标或因素之间关系的一种数理统计方法。其常用的方法主要有：多元方差分析、多元回归分析等。多元方差分析是方差分析的扩展形式。方差分析中，只有一个因变量；而多元方差分析中则有多个因变量。多元方差分析中，研究者检验的是各组在多个因变量的组合上的均数差异是否由机遇造成。例如，影响气排球运动员赛前情绪的因素是什么。赛前情绪是因变量，共四个，包括自信心、躯体焦虑、个人失败焦虑和社会期待焦虑；焦虑控制训练是自变量，包括三个水平：放松训练组、表象训练组和控制组。多元回归分析是一组统计技术，可用来评价一个因变量和多个自变量的关系。在气排球运动科学研究中应用的多元回归分析有：通过应用多元回归分析，建立气排球运动员运动素质的回归方程，并对回归方程的线性关系进行检验，最后制定气排球运动员运动素质的模型，为运动素质训练提供一个量化标准。

第四节　论文的撰写

论文是全部研究工作和研究成果的文字表达方式，它将有利于科学发现的推广和有助于今后理论与实际工作的发展。一篇好的毕业论文，应该简洁精练，它仅仅突出地表达一些研究工作中最主要的、最精彩的和具有创适性的内容。

撰写论文的目的在于说明研究的结果，以及让读者了解这些结果是怎样获得的。为了明确扼要地达到上述目的，论文一般包括以下几个基本部分。

一、标　题

标题是读者首先见到的部分，也是文献检索的最重要部分，文字虽少，但信息量大。标题要用最简洁的词语把研究的最重要特点表达清楚，应体现研究对象、处理手段和实验效应三因素之间的关系，一般不超过 20 个字。

二、作者姓名和单位

作者姓名和单位均是文献检索的重要线索。作者姓名应包括对研究做出实质性贡献的人，按照贡献的大小排序。作者单位应采用全称和正式名称。作者属于不同单位时，应分别列出。

署名等列于题目下方居中，其顺序和格式为：第 1 作者姓名(作者单位名、作者单位所属城镇名、邮政编码)，其他作者只写姓名、单位名，分行依序排列。如为多单位协作完成课题，当单位署名与个人署名顺序不能一致时，可将作者名居中列题名下方，单位名列作者下方，并用相应符号将二者统一。

三、题　注

1. 题　注

注明本文的重要题注、论文的性质(什么基金资助项目或哪级管理的科研项目等)和作者简介。

2. 作者简介

包括作者姓名(出生年月)、性别、民族、籍贯、职称或职位、学历或学位、研究方向等。参加次要部分的合作者或辅助人员可在文末或篇首页地脚注明。团体作者署名时，执笔人可注于篇首页地脚或文末。

四、摘　要

摘要是对研究报告的总结，应对研究目的、研究方法、研究结果和研究意义进行简要叙述。摘要的字数以 200～300 字为宜。摘要后应有关键词。关键词是指从论文的题目中提取的主词以及未经规范处理的自然语言词汇。

(一) 摘要在具体写作过程中的要求

(1) 短。行文简短扼要，字数以 200～300 字为宜(根据国际标准化组织的建议，外文摘要应少于 250 个实词)。

(2) 精。语义确切，结构严谨，逻辑性强，不列图表。

(3) 完整。摘要的内容应包含与报告、论文同等量的主要信息，供读者确定有无必要阅读全文，也供文摘等二次文献采用。摘要一般应说明研究工作的目的和意义、主要运用哪些研究方法、对哪些内容进行了研究、研究的结果和主要结论是什么，而重点应是研究的结果和主要结论。

(4) 摘要应具有独立性和自含性,即在不阅读报告、论文的全文的情况下,就能获得必要的信息。

(5) 用第三人称写法,不加主观见解、解释或评论,只对论文内容做忠实介绍。

(6) 学位论文为了评审,学术论文为了参加学术会议,可按照要求写成变异本式的摘要,不受字数规定的限制。

五、关键词

一般情况下,关键词从正文、摘要或篇名中抽选出来,是能够反映文献主题内容特征的、具有实质意义、经过规范化处理的名词和术语。这些词汇要能代表论文的主题内容,合乎规范,通用性强,为同行所熟知,适用于情报检索系统。关键词必须是规范、准确的科学名词,绝对不能使用非规范的甚至杜撰的词汇。

关键词可以是一个词,也可以是一个词组,每篇报告、论文关键词数量一般为3~8个,以显著的字符另起一行,排在摘要的左下方。为了国际交流,应标注与中文对应的英文关键词。每个关键词之间用";"隔开,最末不用任何符号。

关键词包括两类词。

(1) 叙词。收录到《汉语主题词表》中的经过规范化的词或词组。

(2) 直接从文章的题名、摘要、层次标题或文章其他内容中抽出来的,能反映该文主题概念的自然语句(词或词组)。

关键词为名词或名词词组等叙词,也可用重要的设备名、地名等,不能用动词、连词、泛指词、非本学科的专业术语等。

六、引　言

引言(或前言)主要说明研究选题的理由,一般包括:研究的背景、目的,研究所涉及的问题,分析、研究边界,前人研究工作的简要回顾,研究本课题的重要性和必要性,研究方法,预期结果等内容。引言的字数一般为论文字数的5%左右。

引言是论文的开头,引言的风格很重要,不应写成记录式的报道,而应写成概述式的文字。所以,引言的文字一定要简练明确。当涉及前人的研究工作时应概括综合,评价要客观、公正。若要引用他人的研究成果时,一定要恰当准确。

七、研究对象和方法

(一) 研究对象

研究对象是事物的现象或具体的人。研究对象部分一般应包括：研究对象的基本资料，如是具体的人则应注明年龄、性别等；研究对象的来源、数量及抽样方法等内容。研究方法部分一般应包括：观察、实验的技术；观察、实验的过程；数据处理方法等内容。

(二) 研究方法

以下为几种常用的研究方法。

1. 文献法

简要介绍文献查阅的范围和方法，包括时间、内容、来源等。

2. 访谈法

(1) 访谈对象。走访了哪些方面的专家、学者或者相关人员，他们的专业背景是什么，身份、性别等个人特征是怎样的等。

(2) 访谈内容。应简要介绍就哪些问题对哪些访谈对象进行了哪些主要内容的访谈，访谈目的是什么，如果是在研究报告或者学位论文中，需要将访谈提纲列在附录中。

(3) 采用了哪种访谈类型。如结构式还是非结构式、直接访谈还是间接访谈、个人访谈还是集体访谈等。

3. 问卷法

(1) 问卷的设计。作者依据什么理论确定问卷的结构，问卷中的题项是怎么得来的、遵循了哪些程序来进行问卷设计、征询了哪个领域的哪些专家，经过几轮项目检验，如何进行条目修改才最终形成了现在的问卷等。

(2) 问卷的效度检验。需要说明采用了哪种方法进行了检验，检验的结果是什么，是否符合研究需要。

(3) 问卷的信度检验。需要说明采用了哪种方法进行了信度检验，检验结果是什么，是否符合研究需要。

(4) 问卷的发放与回收。需要说明发放问卷的数量、回收问卷的数量、回收有效问卷的数量,同时需要统计问卷的回收率和回收问卷的有效率。

4. 实验法

实验对象的选取和分组设计,实验措施的实施,无关变量的控制,实验效应观测指标,实验的实施方法与步骤,实验的有关物质条件、环境仪器设备要求,实验结果的统计处理方法等,诸如此类与实验相关的必要信息均需说明,在研究报告或学位论文中,还需要将完整的实验设计方案收录在附录中。

总之,在表述研究方法的过程中,需要简要说明本课题运用的主要研究方法与手段,并应对方法运用的主要环节与过程予以简要说明,对新的有创见的方法应更为详细具体地说明,即说明这些方法设计的要点,便于他人能根据说明重复作者的实验。如属保密规定,则另当别论。如某些方法设计很复杂、篇幅大,则只在此处简介关键环节设计,而将全部详细内容作为附件附在论文之后。

八、研究结果分析与讨论

研究结果是观察实验过程中获得的想象和数据。观察、实验结果是全篇论文的基石,所有的推理由此导出,所有的讨论由此展开,所有的结论由此获得。鉴于其重要性,在研究结果叙述时应做到:数据要准确和充足,并具有必要性和代表性,研究结果尽可能用统计图表加以直观展示;对研究结果的描述层次清楚,抓住本质。讨论是对研究结果从感性到理性的逻辑思维及推理的过程,也是通过科学抽象建立科学理论的过程,因此,应准确应用各种理论的方法,客观、严谨、清晰、透彻地对所研究的结果做出解释和说明。

写作要求:论点正确、新颖、可靠;论据真实、充分、典型;论证合乎逻辑,有说服力。

九、结　论

结论是以研究结果与讨论为前提,经过严密的逻辑推理做出的最后判断。结论一般包括:作者对研究结果进行分析与讨论后形成的见解,从论文总体观点中引申出来的推论、预测,作者对今后进一步深化研究的具体意见或设想等内容。

写作技巧:

(1) 结论的语言一定要逻辑严密、用词严谨、高度精练,绝不能再在结论部分又做论证。

(2) 结构要有一定逻辑顺序,层次分明(基于研究假设的思路和讨论部分的结构层次)。应以正文中的论证分析为依据,完整、准确、简洁地指出研究结果所揭示的原理及其普遍性,研究中有无发现例外或本文尚难以解释和解决的问题;与先前研究工作的异同,本文在理论和实践上的意义与价值等。

(3) 特别需要注意的是,结论并非研究结果的简单罗列,也不是正文各部分的简单概括,而是在研究结果和理论分析基础上的理论升华,是由感性认识上升为理性认识。一些人容易将前面"结果与讨论"部分的全部问题小结照搬过来作为结论,这是不合适的。应当在其基础上进一步提炼精华,概括要点,突出研究成果的核心与主体,尤其是那些具有创造性、新颖性的观点与问题。

(4) 结论的写作,在形式上可用分条式或分段式表达。

(5) 结论的得出是论证的结果,揭示出研究所得到的事物的规律,因此篇幅尽可能简短,一般在200～400字以内。

十、参考文献

参考文献部分应将正文引用过的所有文献一一对应列出,即在文后将正文中提到的他人观点和成果用序号标出。

具体编写格式可参照国家标准GB/T 7714—2015《信息与文献　参考文献著录规则》。

十一、附　录

(1) 原始材料。包括原始数据、记录、图表、测试材料(如问卷、调查表)等,也有将专家对本课题的鉴定收录在附录中的。

(2) 协作人员附录。收录对研究做过工作的人员名录,也可在题目后加"＊"后在页下加脚注说明。

(3) 在论文中未能全文引用但又有必要供参考说明的文献资料。

十二、致　谢

对协助本课题的人员,如做过指导的专家、导师,提过有益建议、协助数据处理、绘制图表等人员,提供过资料、材料、工具、研究场地、协助调查等单位及人员等,专致谢意,以表示尊重他们的劳动和帮助。

第八章　气排球竞赛规则及裁判方法

本章将介绍气排球竞赛的基本规则以及裁判职责、工作方法及内容，包括对气排球竞赛的场地、器材相关规定的介绍，目的在于使读者了解气排球运动的技术规范、成绩的计算以及有关场地器材条件的规定，掌握气排球运动的基本规则，了解进行气排球运动的必备条件，为气排球运动的参与者提供必要的理论知识，使其能够更好地参与到气排球运动中去，并为裁判提供理论知识支撑。比赛中规则的执行由裁判员来监督主持，裁判员必须以“严肃、认真、公正、准确”八字为方针进行执裁工作。

第一节　竞赛制度、编排与成绩计算

一、竞赛制度、编排方法

组织气排球竞赛时，应根据不同的竞赛目的、任务、竞赛时间长短，参赛队的多少以及场地、器材设备等情况来选定具体的竞赛制度。竞赛制度一般有三种：循环制、淘汰制和混合制。

（一）如何选择赛制

一般要考虑五个要素(重要变量)：

(1) 完成全部比赛的比赛场次。

(2) 完成全部比赛所需的时间。

(3) 完成全部比赛所需的场地。

(4) 比赛组织的公平性体现。

(5) 比赛编排的可操作性或客观性体现。

(二) 循环制的编排方法

循环制有单循环、双循环、分组循环。

1. 单循环赛

参加比赛的各队之间均相互比赛一次,即为单循环赛。

(1) 循环赛比赛场数计算公式:

场数=队数(队数-1)/2

(2) 循环赛比赛轮次计算方法:参赛队为奇数时,比赛轮次等于队数;参赛队为偶数时,比赛轮数等于队数减一。

(3) 单循环赛的编排方法。

① 一般编排方法:采用逆时针轮转方法进行编排,先以阿拉伯数字为代号,代替队名进行编排。把队数按 U 型走向分成均等两边,如遇单数队,最后一位数字为 0。第一轮在 U 型相对的队数之间画横线,即为第一轮比赛秩序。第二轮开始,固定左上角数字不动,其余数字按照逆时针方向移动一个位置,即为该轮比赛秩序。如遇代号 0 的队即为该轮轮空。具体见表 8-1 所列。

表 8-1　7 个队单循环一般编排法

第一轮	第二轮	第三轮	第四轮	第五轮	第六轮	第七轮
1-0	1-7	1-6	1-5	1-4	1-3	1-2
2-7	0-6	7-5	6-4	5-3	4-2	3-0
3-6	2-5	0-4	7-3	6-2	5-0	4-7
4-5	3-4	2-3	0-2	7-0	6-7	5-6

采用该方法的优缺点如下:

优点:参赛各队进度一致,编排方法简单,易操作、检查。

缺点:当单数队为 5 个及以上队数参赛时,抽签为倒数第 2 数字的队伍,则在第四轮开始每轮均是与上轮轮空的队伍进行比赛,如上表中代号 6 的队伍。由此产生了比赛不公平竞争现象。为了解决这一问题,目前比赛的编排大多采用国际上的一种编排方法——贝格尔编排法。

② 贝格尔编排法:第一轮同上述方法,第二轮开始方法不同。具体见表 8-2 所列。

表 8-2　7 个队单循环贝格尔编排法

第一轮	第二轮	第三轮	第四轮	第五轮	第六轮	第七轮
1-0	0-5	2-0	0-6	3-0	0-7	4-0
2-7	6-4	3-1	7-5	4-2	1-6	5-3
3-6	7-3	4-7	1-4	5-1	2-5	6-2
4-5	1-2	5-6	2-3	6-7	3-4	7-1

第一步，最大号数(或 0 数)左右规则移动摆放在第一行的左或右的位置上，如第一轮该数位于右边，第二轮则摆动到左边，第三轮又移动到右边，如此反复。

第二步，将上一轮右下角的数字提到该轮第一行同最大数(或 0 数)相对应。

第三步，将其他数字按数字同右下角提到第一行的这个数字的前后顺序关系进入位置。

2. 双循环制

参加比赛的各队之间均相互比赛两次，即为双循环制。双循环制通常分为两个阶段，由两个单循环赛组成。第二循环比赛方法可与第一循环完全相同，也可根据第一循环比赛的成绩，采用抽签的方法，重新确定各参赛队在第二循环中的比赛序号，然后进行编排。双循环比赛秩序编排方法与单循环比赛秩序方法相同。

3. 分组循环赛

分组循环赛是参赛队伍较多时经常采用的编排方法，通常分为预赛和决赛两个阶段。预赛是把比较多的参赛队伍先分成若干个小组进行比赛，赛出小组名次；决赛是将预赛中各个小组产生的名次进行相应的比赛，决出最后名次。

(1) 预赛阶段。

预赛的分组循环赛竞赛秩序编排方法一般采用单循环编排方法。为了保证各个小组参赛队伍水平相对平均，最大限度地克服分组的实力不公平现象，通常要设立种子队进行编排。

分组循环赛一般按分组数的 2 倍数确立种子队。

设立种子队抽签分组时，由种子队先抽签，确定各种子队的组别，然后其他各组再抽签进入各个组别。不设立种子队进行抽签分组时，可根据上届比赛名次进行“蛇形”编排，如 16 个参赛队分成 A、B、C、D 4 个组，进行“蛇形”编排分组。具体见表 8-3 所列。

表 8－3　“蛇形”编排方法

第一组	第二组	第三组	第四组
1	2	3	4
8	7	6	5
9	10	11	12
16	15	14	13

（2）决赛阶段。

决赛阶段可以有不同的编排方法，包括同名次赛、循环赛、淘汰赛及淘汰附加赛。

（三）循环制比赛日程的编排

依据编排好的比赛秩序表，按照规定的方法将数字换成队名，再填于秩序表中，最后编好比赛日程表，编排日程表时要尽力做到各队的比赛场地和比赛时间机会均等。具体见表 8－4 所列。

表 8－4　比赛日程表

日　期	时　间	组　别	比赛队	场　地

（四）淘汰赛

淘汰赛主要是在参赛队数较多、比赛时间短且比赛场地极缺时采用，具有强烈的对抗性，输一场比赛即失去比赛资格。目前，基层气排球比赛参赛队数多，经常采用淘汰制。淘汰赛通常分为单淘汰和双淘汰两种。

1. 单淘汰赛

运动队按排定的秩序进行比赛，胜队进入下一轮比赛，负队淘汰，赛至最后一场比赛的胜者为冠军，负者为亚军，即为单淘汰赛。

（1）单淘汰赛的比赛场数：等于参赛队数减一，如 8 个队参赛则比赛场数等于 7 场。

（2）单淘汰赛轮数计算方法：计算方法为 2 的乘方数即为比赛轮数（通常选择参赛队数最接近 2 的乘方数）。如 8 个队参赛为 $8=2^3$，即比赛为 3 轮；30 个队参赛为 $32=2^5$，即比赛为 5 轮。具体如图 8－1 所示。

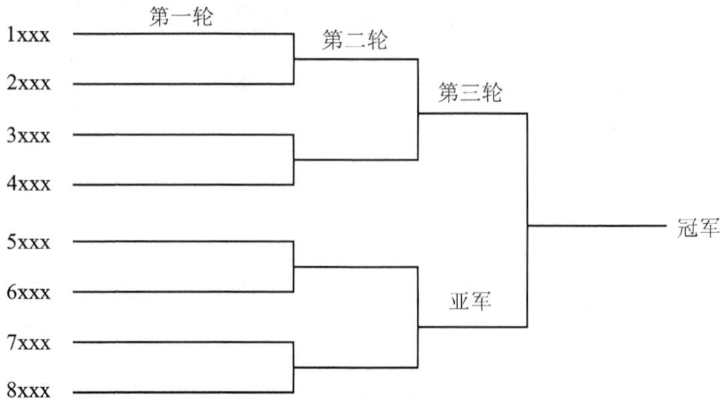

图 8-1　8 个队单淘汰赛比赛秩序

(3) 单淘汰赛编排中如何设定种子队：种子队一般由排名在前的队担任，种子队的数目一般是参赛队队数的六分之一或十二分之一。种子队在编排中的具体位置可以通过查找“种子队位置表”获得。

(4) 单淘汰赛如何确定轮空队位置：当参赛队不是 2 的乘方数时，则须安排一部分具体数字的位置“轮空”，目的是使第一轮比赛队数正好是 2 的乘方数，以克服单淘汰赛的比赛秩序不完整性。轮空数目等于编排采用的数字位置减去参赛队数。如 14 个队参赛，则 16－14＝2，即有 2 个轮空数。轮空队在编排秩序中所占的具体数字位置可以通过查找“轮空位置表”获得。

2. 双淘汰赛

运动队按照排定的秩序进行比赛，失败两次才被淘汰，为双淘汰赛。

(1) 双淘汰赛场数计算方法：比赛总场数＝$2X-3$（X 为参赛队数）。

(2) 双淘汰赛的编排方法如图 8-2 和图 8-3 所示。

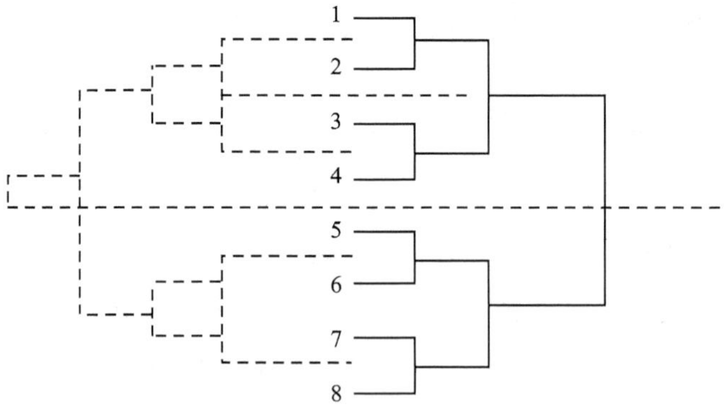

图 8-2　双淘汰赛不交叉排表

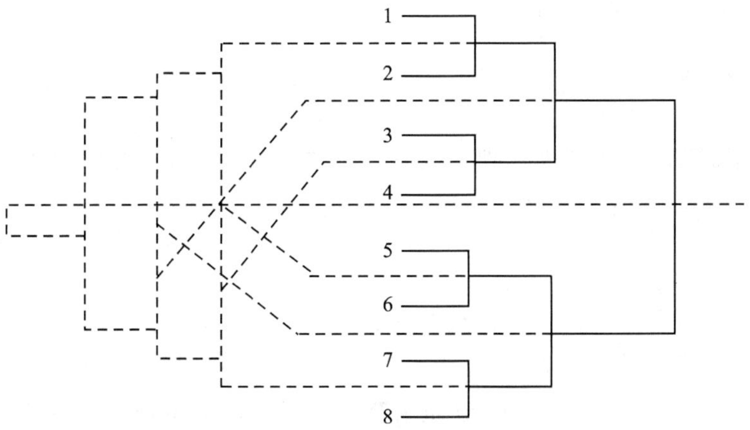

图 8－3　双淘汰赛交叉排表

二、成绩计算方法

根据气排球竞赛规程，以每个队的比赛总积分高低决定各队的名次，积分高者名次列前，一般是胜一场得 2 分，负一场得 1 分，弃权得 0 分。

如遇两队或两队以上积分相等，则按下列办法决定名次：计算 C 值，C 值高者名次列前。

C 值＝A（胜局总数）/B（负局总数）

如 C 值仍相等，则计算 Z 值，Z 值高者名次列前。

Z 值＝X（总得分数）/Y（总失分数）

第二节　竞赛规则与裁判工作

一、比赛的参加者

（一）球队的组成

（1）一个队由 10 人组成，其中有 1 名领队、1 名教练员、8 名运动员；比赛中领队、教练员可兼运动员。

（2）只有登记在记录表上的队员，方可进入场地练习和参加比赛。一经教练员、队长在记录表上确认签名后，即不得更改。

(二) 球队的位置

比赛中，球队的成员应坐在他们场地一侧的球队席上；替补队员可以在本方场区的无障碍区外做无球的准备活动(教练员可以暂时离开)。

(三) 球队的装备

(1) 服装：球队队员服装要统一，上衣前后须有号码，序号为1～10号。身前号码至少15厘米高，身后号码至少20厘米高。号码笔画宽度至少2厘米。队长上衣应有一条与上衣颜色不同的长8厘米、宽2厘米的标志。

(2) 运动鞋：必须是没有后跟的柔软轻便的胶底鞋。

(3) 其他：禁止佩戴任何可能对运动员造成伤害或加力的物品；队员可以佩戴眼镜或隐形眼镜比赛，但风险自负；可以使用加压护具(带护垫的损伤防护器具)进行保护和支撑。

(四) 参赛者的权利和责任

参赛者应遵守规则，并尊重裁判、尊重对手、尊重观众，服从裁判的判决，不允许争辩。教练员和队长对全队成员的行为和赛风赛纪负责。

1. 教练员

教练员赛前应核对记分表上登记的本队队员名单、号码，并签字确认。每局比赛前将该局上场队员位置表交给第二裁判员或记录台。

(1) 教练员可以在比赛中请求暂停和换人，在场外行使指导。教练员进行指导时可在球队席前、教练员限制线后的无障碍区域内站立或走动，但不得干扰或延误比赛。

(2) 比赛中，教练员坐在本方靠近记录台一侧的球队席上。

2. 队　长

(1) 队长应配戴队长标志，赛前在记分表上签字，并代表本队抽签。

(2) 比赛中，如果队长在场上，为当然的场上队长；如果他被换下场时，由教练员或队长指定另一名场上队员担任场上队长。

(3) 在教练员缺席的情况下，场上队长在比赛中可以请求换人和暂停。

(4) 只有场上队长在死球时可以向裁判员请求：

① 对规则的执行进行解释；但当第一裁判员解释后，不得与裁判员纠缠与争辩，否则判该队“延误比赛”。

② 转达本队队员提出的问题和请求。

③ 如果对裁判员的解释不满意，可以选择抗议并立即向第一裁判员声明，保留其在比赛结束时将正式抗议写在记分表上的权利。

(5) 比赛结束后感谢裁判员，并在记分表上确认比赛结果并签字。

二、比赛方法

(一) 计分方法

比赛采用每球得分制，胜一球得 1 分。

1. 得一分

(1) 球成功地落在对方场区。

(2) 对方犯规。

(3) 对方受到判罚。

2. 胜一局

第 1、2 局先得 21 分同时超过对方 2 分为胜一局，当比分为 20∶20 时，比赛继续进行至某队领先两分(22∶20、23∶21……)为胜一局。

3. 决胜局

先得 15 分同时超过对方 2 分的队获胜，当比分为 14∶14 时，比赛继续进行至某队领先两分(16∶14、17∶15……)为胜一局。决胜局 8 分时双方队员交换场地进行比赛，比赛按照交换时的阵容继续进行。

4. 胜一场

比赛采用三局两胜制，胜两局的队为胜一场。如果 1∶1 平局时，进行决胜局(第三局)的比赛。

(二) 弃权与阵容不完整

(1) 某队被召唤后拒绝比赛，则宣布该队为弃权。对方以每局 21∶0 的比分和 2∶0 的比局获胜。

(2) 某队无正当理由而未准时到达比赛场地，则宣布该队为弃权，理由同规则(1)。

(3) 某队被宣布一局或一场比赛阵容不完整时，则输掉该局或该场比赛，判给对方胜该局或该场比赛所必要的分数和局数。阵容不完整的队保留其所得分数和局数。

(三) 比赛的组织

1. 抽　签

比赛开始前和决胜局开始前，由第一裁判员召集双方队长抽签。

2. 抽签的选择

获先者选择：A 球权(发球或接发球)B 场区，后者可选余下部分。

3. 准备活动

比赛开始前，两队各自在自己的半场练习 10 分钟。

(四) 比赛阵容

(1) 每队场上必须始终保持 5 名队员或 4 名队员的比赛阵容。队员的轮转次序应按位置表登记的顺序进行。

(2) 位置表一经交给第二裁判员或记录员，除正常换人外，其阵容不得更改。

(3) 一局开始前，场上队员的位置与位置表不符时，须按位置表进行纠正，不予判罚。

(五) 场上位置

发球队员击球时，双方队员(发球队员除外)必须在本场区内按轮转次序站位。具体如图 8－4 和图 8－5 所示。

(1) 五人制比赛队员位置：靠近球网 2 号位(右)、3 号位(中)、4 号位(左)三名队员为前排队员，另外二名队员 1 号位(右)、5 号位(左)为后排队员。1 号位队员与 2 号位队员同列，4 号位队员与 5 号位队员同列，如图 8－4 所示。

(2) 四人制比赛队员位置：靠近球网 2 号位(右)、3 号位(左)二名队员为前排队员，另外二名队员 1 号位(右)、4 号位(左)为后排队员。1 号位队员与 2 号位队员同列，3 号位队员与 4 号位队员同列，如图 8－5 所示。

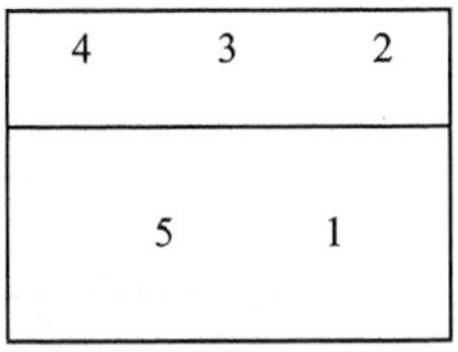

图 8－4　五人制场上队员位置

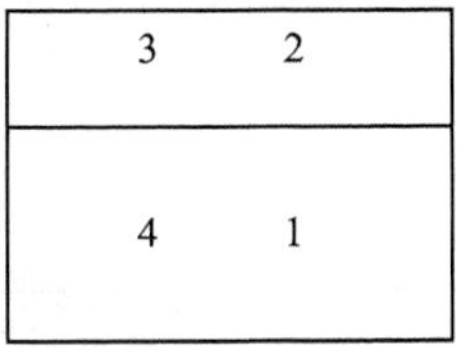

图 8－5　四人制场上队员位置

(3) 队员站位是否错误应根据其脚的着地部位判定：

① 同列前排队员至少有一只脚的着地部分距离中线更近，五人制前排 3 号位队员与后排队员没有站位位置关系。

② 同排队员站位规定：四人制前排右(左)边队员至少有一只脚的着地部分，比同排左(右)队员的双脚距右(左)边线更近；后排右(左)边队员至少有一只脚的着地部分，比同排另一名左(右)边队员的双脚距右(左)边线更近。五人制前排右(左)边队员至少有一只脚的着地部分，比同排中间队员的双脚距右(左)边线更近；后排右(左)边队员至少有一只脚的着地部分，比同排另一名左(右)边队员的双脚距右(左)边线更近。

③ 发球击球后，队员可以在本场区和无障碍区的任何位置站位。

(六) 位置错误

(1) 当发球队员击球时，如果队员不在其正确位置上，则构成位置错误犯规。

(2) 当发球队员击球时的犯规与对方位置错误同时发生，则判发球犯规。

(3) 当发球队员击球后的犯规与对方位置错误同时发生，则判位置错误犯规。

(4) 位置错误判罚如下：

① 该队被判失去 1 分，由对方发球。

② 队员必须恢复到正确位置。

(七) 轮　转

(1) 轮转次序、发球次序以及队员位置的确定均以位置表为依据。

(2) 某队得 1 分，同时得发球权后，所有队员必须按顺时针方向轮转一个位置，由 2 号位队员轮转至 1 号位发球。

(3) 如某队因对方被判罚而得 1 分，本方所得该分后也必须轮转一个位置，原该分该轮的发球队员不再发球，轮转由下一轮发球队员发球。

（八）轮转错误

（1）没有按照轮转次序进行发球为轮转错误，按照顺序进行如下判罚：

① 该队失1分，由对方发球。

② 队员的错误轮转次序必须纠正。

（2）记录员必须准确地确定其错误何时发生，从而取消该队自犯规发生后的所有得分，对方得分仍然有效。

（3）如果不能确定犯规发生的时间，则仅判失1分，由对方发球。

三、比赛行为

（一）比赛的状态

1. 比赛开始

第一裁判员鸣哨允许发球，发球队员击球为比赛开始。

2. 比赛中断

裁判员鸣哨则比赛中断，但如果裁判员是由于比赛中出现犯规而鸣哨的，则比赛的中断实际上是从犯规的一刹那开始的。

3. 界内球

球触及比赛场区的地面包括界线为界内球。

4. 界外球（下列情况为界外球）：

（1）球接触地面的部分完全在界线以外。

（2）球触及场外物体、天花板或非场上的成员等。

（3）球触及标志杆以及标志杆以外的球网、网绳或网柱。

（4）球的整体从网下穿过。

（5）球的整体或部分从过网区以外过网进入对方场区。

（6）球的整体越过中线的延长线。

（二）比赛中的击球

比赛中队员与球的任何触及都视为击球，队员必须在本方场区和本方无障碍区空间击球(拦网除外)。

1. 球队的击球次数

每队最多击球三次(拦网除外),无论是主动击球或被动触及,均作为该队的一次击球。

2. 连续击球

一名队员不得连续击球两次(拦网除外)。

3. 同时触球

两名或三名队员可以同时触球。

(1) 同队的两名(或三名)队员同时触到球时,被记为两次(或三次)击球(拦网除外)。如果只有其中一名队员触球,则只记一次。队员之间的碰撞不算犯规。

(2) 两名不同队的队员在网上同时触球,比赛继续进行,获球一方可再次击球三次。如果该球落在某方场区之外,判对方击球出界。

4. 借助击球

队员不得在比赛场区内借助同伴或任何物体的支持进行击球。

5. 击球的性质

(1) 球可以触及身体的任何部分。球必须被击出,不可接住或抛出。

(2) 击球时(包括第一、二、三次击球),允许身体不同部位在一个动作中连续触球。

6. 击球时的犯规

(1)"四次击球":一个队连续触球四次。

(2)"借助击球":队员在比赛场地内借助同伴或任何物体的支持进行击球。

(3)"持球":没有将球击、拍、挡出,造成接住、停留或抛出。

(4)"连击":一名队员连续击球两次或球连续触及其身体的不同部位。

(三) 球网附近的球

1. 球通过球网

球的整体必须通过球网上空的过网区进入对方场区。过网区是球网垂直面,其范围:上至天花板,下至球网上沿,两侧至标志杆及其延长线。

2. 球触球网

球通过球网时可以触及球网。

3. 球入网后

球入网后，在该队的三次击球内，可以再次击球。

（四）球网附近的队员

1. 进入对方空间

在不妨碍对方比赛的情况下，允许队员在网下穿越进入对方空间。

2. 穿越中线进入对方场区

（1）队员的一只（两只）脚部分越过中线触及对方场区的同时，其余部分接触中线或置于中线上空是允许的，不判为犯规。

（2）队员除脚以外，身体任何其他部位触及对方场区为犯规。

（3）比赛中断后队员可以进入对方场区。

（4）在不干扰对方比赛的情况下，队员可以穿越进入对方的无障碍区，但不得击球。

3. 触　网

（1）队员触网即犯规，比赛过程中在任何情况下都不得触网。

（2）队员击球后可以触及网柱、全网长以外的网绳或其他任何物体，但不得干扰比赛。

（3）由于球被击入球网而造成球网触及队员，不算犯规。

4. 队员在球网附近的犯规

（1）对方进攻性击球前或击球时在对方空间触球或触及对方队员。

（2）从网下穿越进入对方空间并妨碍对方比赛。

（3）整个脚越过中线踏及对方场区。

（4）除脚以外的身体任何部分越过中线触及对方场区。

（五）发　球

后排右（1号位）队员在发球区内将球击出而进入比赛的行动，称为发球。

1. 首先发球

（1）第一局和决胜局由抽签选定发球权的队首先发球。

（2）第二局由前一局未首先发球的队发球。

2. 发球次序

(1) 队员发球的次序按位置表上的顺序进行。

(2) 一局中首先发球之后,队员按下列规定进行发球:

① 当胜一球时,必须轮转发球,由前排右(2 号位)队员轮换至 1 号位发球。

② 每个队员只发一次球即轮转。

3. 发球的允许

第一裁判员在发球队员已持球在手,并且双方队员已做好比赛准备时,鸣哨允许发球。

4. 发球的执行

(1) 球被抛起或持球手撤离后,必须在球落地前用一只手或手臂将球击出。

(2) 发球时球在手中移动或拍球是允许的。

(3) 发球队员在发球击球时,不得踏及端线和发球区以外地面。

(4) 跳发球起跳时,脚不得踏及或超越跳发球限制线。起跳空中击球后,脚可以落在任何位置。

(5) 发球队员必须在第一裁判员鸣哨后 8 秒钟内将球击出。

(6) 发球队员将球抛起,未触及发球队员而落地,允许再次发球,时间连续计算在 8 秒钟内。

(7) 发球队员在裁判员允许发球鸣哨的同时或之前发球,则重新发球。

5. 发球掩护

(1) 发球队的队员个人或集体不得利用掩护阻挡对方观察发球队员和球的飞行路线。

(2) 发球队的队员个人或集体挥臂、跳跃或左右移动,或集体密集站位遮挡球的飞行路线,则构成发球掩护犯规。

6. 发球时的犯规

(1) 发球次序错误。

(2) 没有遵守"发球的执行"的规定。

(3) 球触及发球队队员或球的整体没有从过网区通过球网的垂直面。

(4) 界外球。

(5) 球越过发球掩护的个人或集体。

7. 发球犯规与位置错误

(1) 如果发球犯规与对方位置错误同时发生,判发球犯规。

(2) 如果发球后犯规与对方位置错误同时发生,判位置错误犯规。

(六) 进攻性击球

除发球和拦网外,所有直接击向对方的球都是进攻性击球,球的整体通过球网垂直面(包括触及球网后再进入对方空间)或触及对方队员,则认为完成进攻性击球。在进攻性击球时,吊球是允许的,但击球必须清晰并不得接住或抛出。

1. 进攻性击球的限制

(1) 进攻线后(后场区),队员可以对任何高度的球完成进攻性击球,但击球起跳时脚不得踏及或越过进攻线。

(2) 进攻线前(前场区)完成进攻性击球,但球的飞行轨迹必须高于击球点,有明显向上的弧度过网进入对方场区。

(3) 击球后脚可以落在前场区。

(4) 接发球队队员不能对在本场区空间内高于球网上沿的对方发球完成进攻性击球。

2. 进攻性击球的犯规

(1) 在对方空间击球。

(2) 击球出界。

(3) 在前场区,完成进攻性击球,球的飞行轨迹没有高于击球点,球过网时没有明显向上的弧度(包括水平飞向过网)。

(4) 对处于本场区内高于球网上沿的对方发球完成进攻性击球。

(七) 拦　网

1. 拦　网

拦网是队员靠近球网,在高于球网处阻挡对方来球的行动,与触球点是否高于球网无关;没有触及球的拦网叫作拦网试图,触及球的拦网行动称为完成拦网,只有前排队员可以完成拦网。

(1) 进入对方空间拦网。

允许拦网队员的手过网拦网,但不得干扰对方击球。过网拦网的触球必须在对方进攻性击球之后，在对方进攻性击球同时或之前拦网触球均为犯规。

(2) 当球飞向过网而尚未过网，有同队队员准备击该球时，不能过网完成拦网。

(3) 集体拦网。

两名或三名队员彼此靠近进行拦网为集体拦网，其中一人触球则完成拦网。

2. 拦网触球

在一个动作中，球可以迅速而连续地触及一名或更多的拦网队员。

3. 拦网与球队的击球

拦网的触球不算作球队三次击球中的一次击球；拦网后可以由任何一名队员进行第一次击球，包括拦网时已经触球的队员。

4. 拦网的犯规

(1) 后排队员完成拦网或参加完成拦网的集体。

(2) 拦对方的发球。

(3) 拦网出界。

(4) 从标志杆外进入对方空间拦网。

(5) 拦网队员过网拦网，在对方进攻性击球同时或之前触球。

(6) 当球飞向过网而尚未过网，有同队队员准备击该球时完成拦网。

(7) 老年人比赛拦网时手在对方空间触球。

四、比赛间断与延误比赛

(一) 正常的比赛间断

正常的比赛间断包括“暂停”和“换人”。只有在比赛成死球，裁判鸣哨前，由教练员或场上队长用正式的手势，请求暂停或换人，一局开始前允许请求换人或暂停，并计入换人及暂停次数。

1. 正常间断的次数

每局比赛中，每队最多请求两次暂停和 4 人次(四人制)或 5 人次(五人制)换人，所换队员不受位置限制。

2. 比赛间断的连续

(1) 一次或两次暂停与双方的各一次换人相连续，中间无须经过比赛过程。

(2) 同一队未经过比赛过程不得连续提出换人请求，但在同一次换人请求中可以替换一人或多人。

3. 暂　停

(1) 每次暂停时间为30秒。

(2) 暂停时，比赛队员必须离开比赛场区到球队席附近的无障碍区。

4. 换　人

(1) 换人必须在换人区内进行。

(2) 换人由教练员或场上队长请求，换人时，场外队员要做好上场的准备。

(3) 如果要替换二名或二名以上的队员，要用手势表明请求替换人次。

5. 特殊换人

某一队员受伤或生病不能继续比赛时，必须进行合法的换人。如果不能进行合法的换人时，可采用超出上述换人规则限制的"特殊换人"。特殊换人时，场外的任何队员都可以替换受伤队员，但受伤队员不可在本场比赛中再次上场比赛。特殊换人不作为换人的次数计算。

6. 不符合规定的请求

(1) 在比赛进行中或裁判员鸣哨发球的同时或之后提出请求。

(2) 无请求权的成员提出请求。

(3) 同一队未经过比赛过程再次请求换人。

(4) 超过所规定正常间断次数的请求。

(5) 比赛中第一次没有影响和延误比赛的不符合规定的请求应予拒绝而不进行判罚。

(6) 同一场比赛中再次提出不符合规定的请求应判延误比赛。

(二) 延误比赛

1. 延误比赛行为

一个队或个人拖延比赛继续进行的不正当行动为延误比赛。其包括以下行为：

(1) 换人延误时间。

(2) 在裁判员鸣哨恢复比赛后，拖延暂停时间。

(3) 请求不合法的替换。

(4) 再次提出不符合规定的请求。

（5）球队成员拖延比赛的继续进行。

2．对延误比赛的判罚

（1）“延误警告”和“延误判罚”是对全队的延误比赛的判罚。

（2）延误比赛的判罚对全场比赛有效。

（3）所有延误比赛的判罚都记录在记分表上。

（4）在一场比赛中，对一个队的成员的第一次延误比赛，给予“延误警告”。

（5）在一场比赛中，同一队的任何成员造成任何类型的第二次以及其后的延误比赛，都给予“延误判罚”，判失一分，对方发球。

（6）局前和局间的延误比赛判罚记在下一局中。

（三）例外的比赛间断

1．队员受伤

（1）比赛中出现严重伤害事故，裁判员应立即中断比赛，允许医务人员进入场地。该球重新进行。

（2）如受伤队员不能进行合法替换和特殊替换，则给予受伤队员 5 分钟的恢复时间。一场比赛中同一队员只能给予一次恢复的时间。如果 5 分钟后仍不能进行比赛，则该队被宣布阵容不完整。

2．外因造成的比赛中断

比赛中出现任何外界干扰，都应停止比赛。该球重新进行。

3．被拖延的间断

（1）任何意外的情况阻碍比赛进行时，第一裁判员、比赛组织者和主管委员会成员共同研究决定，采取措施使比赛恢复正常。

（2）一次或数次间断时间累计不超过 2 小时：

① 如果比赛仍在原场地进行，间断的一局应保持原比分、原队员和原场上位置，已结束的各局保留比分。

② 如比赛改在另外场地进行，则间断的一局应取消，但保持该局开始的阵容和位置，重新比赛，已结束的各局比分保留。

③ 一次或数次间断时间累计超过 2 小时，则全场比赛重新开始。

（四）局间休息与交换场区

1. 局间休息

第一局结束后休息 2 分钟，决胜局前休息 3 分钟。

2. 交换场区

（1）第一局结束后，比赛队交换场区。

（2）决胜局中某队获得 8 分时，两队交换场区，不休息，队员在原来的位置继续比赛；如果没能及时交换场区，应在此错误被发现时立即进行交换，保留交换场区时两队已得比分。

五、不良行为以及判罚

不良行为分为轻微的不良行为和应给予判罚的不良行为。

（一）轻微不良行为

对轻微的不良行为不进行处罚，但第一裁判员有责任防止运动队出现接近被处罚程度的行为。这里使用两种形式：

1. 通过场上队长进行口头警告。

2. 向相关队的成员出示黄牌，虽然没有处罚，但要登记在记录表上，警告该队其行为已经接近被处罚的程度。

（二）应给予判罚的不良行为

粗鲁行为：违背道德准则或文明举止。

冒犯行为：诽谤或侮辱的言语或形态，或有任何轻蔑的表示。

侵犯行为：人身攻击、侵犯或威吓行为。

（三）判罚的实施

（1）轻微的不良行为：不处罚。

形式 1：口头警告；

形式 2：出示黄牌。

（2）应给予判罚的不良行为。

粗鲁行为：裁判员出示红牌，对方得一分并发球。

冒犯行为：裁判员出示红牌＋黄牌（同持一手），取消该局比赛资格，无其他判罚。被判罚的球队成员必须坐在本队球队席上。如果被判罚的是教练员，则其失去该局的指挥权利。

侵犯行为：裁判员出示红牌＋黄牌（双手分持），取消该场比赛资格，离开比赛控制区，无其他判罚。

（3）不良行为的判罚是针对个人，全场比赛有效，必须登记在记分表上。

（4）对冒犯行为或侵犯行为的判罚，无须有先一次的判罚。

（四）判罚等级

（1）判罚失分、失球权。

用于全场比赛中任何队员的粗鲁行为以及轻微不良行为的再犯。

（2）判罚出场。

球队的任何成员被判罚出场都必须坐在球队席上，不得继续参加该局比赛，教练员不得再进行该局比赛的指导。如果该队员在场上，应立即进行合法替换，无其他判罚；如果不能进行合法替换，则判该队该局阵容不完整。

（3）取消比赛资格。

球队的任何成员被取消比赛资格后必须离开比赛控制区域，不得参加该场比赛，无其他判罚。

（4）同一成员在同一场比赛中重犯不良行为，按判罚等级加一级判罚，即对该成员的判罚要重于前一次。

（五）局前与局间的不良行为

按照上述规则进行判罚，计入下一局。

（六）判罚牌的使用

判罚：红牌。

判罚出场：红牌加黄牌（同持一手）。

取消比赛资格：红牌加黄牌（两手分持）。

六、裁判工作

(一) 裁判员组成

一场比赛的裁判员由第一裁判员、第二裁判员以及 2 名司线员、1～2 名记录员组成。

(二) 裁判员职责

1. 第一裁判员

(1) 位置:

第一裁判员站在球网一端的裁判台上执行其职责,他的水平视线必须高出球网上沿 50 厘米。

(2) 主要职责:

① 他自始至终领导该场比赛,对所有裁判员和球队成员行使权力。比赛中,他的判定为最终判定,如果发现其他裁判员的错误,他有权改判,甚至可以撤换不称职的裁判员。

② 他有权决定涉及比赛的一切问题,包括规则中没有规定的问题。

③ 他不允许对其判定进行任何讨论。但当场上队长提出请求时,他应对判定所依据的规则和规则的执行给予解释。当场上队长表示不同意他的解释,并立即声明保留比赛结束后将抗议写在记分表上的权利时,他必须准许。

(3) 临场工作:

1) 比赛前:

① 组织临场裁判员检查场地、器材和比赛用球。

② 组织、主持双方队长挑选场地或发球权工作。

③ 掌握两队准备活动时间。

④ 组织、主持入场仪式。

2) 比赛中:

① 向球队提出警告。

② 对不良行为和延误比赛提出警告或进行判罚。

③ 当第一裁判员鸣哨中止比赛,他应判出:

发球犯规和发球队位置错误，包括发球掩护：

a. 比赛击球犯规；

b. 高于球网和球网上部的犯规；

c. 进攻性击球犯规；

d. 过网拦网犯规；

e. 球的整体从网下空间穿越；

f. 后排队员完成拦网；

g. 穿越中线进入对方场区犯规。

3）比赛后：

① 维持场上秩序，主持退场。

② 比赛后，检查记分表并签字。

③ 组织临场裁判进行简单小结，相互致谢。

2. 第二裁判员

（1）位置：

第二裁判员站在第一裁判员对面，比赛场区外的距网柱一米左右，比赛中随时根据执裁需要调整位置，面向第一裁判员执行其职责。

（2）主要职责：

① 第二裁判员是第一裁判员的助手，但他也有自己的权限。当第一裁判员不能继续工作时，其代替第一裁判员执行工作。

② 可以用手势指出其权限以外的犯规，但不得鸣哨，也不得对第一裁判员坚持自己的判断。

③ 掌管记录台的工作。

④ 监督球队席上的球队成员，并将他们的不良行为报告给第一裁判员。

⑤ 允许比赛暂停和换人的请求，掌握间断时间和拒绝不符合规定的请求。

⑥ 掌握各队暂停和换人的次数，并将第二次暂停和第四人次或第五人次的换人告诉第一裁判员和有关教练员。

⑦ 发现队员受伤，允许其进行特殊换人，或给予5分钟的恢复时间。

⑧ 检查比赛场地的条件，主要是前场区，比赛中还要检查球是否符合比赛的要求。

⑨ 管理好捡球员和擦地员的工作（必要时）。

（3）临场工作：

1）比赛前：

① 协助第一裁判员检查场地、器材、设备是否符合比赛要求。

② 检查记录台的准备工作，请双方教练员确认参赛名单及号码并签字。

③ 参加第一裁判员主持的挑选球权及场区的仪式并请双方队长签字。

④ 向双方运动队发放位置表并收回，交给记录台登记。

⑤ 协助第一裁判员掌握准备活动的时间。

⑥ 参加入场仪式。

⑦ 在每局开始、决胜局交换场区以及在必要的时候，检查场上队员的实际位置是否与位置表相符。

2）比赛中：

① 第二裁判员鸣哨并做出手势的职责范围：

a. 队员网下穿越进入对方场区和空间。

b. 接发球队位置错误。

c. 队员触及球网或第二裁判员一侧的标志杆。

d. 后排队员完成拦网。

e. 球触及场外物体或触及他一侧的标志杆。

f. 球的整体或部分从过网区以外过网，飞入对方场区或无障碍区。

g. 第一裁判员难以观察的球触及地面。

h. 暂停、换人。

② 协助第一裁判员判断的手势但不得鸣哨的范围：

a. 四次击球。

b. 连击。

c. 拦网犯规。

d. 近端或后排的球触手出界。

e. 靠近他一侧的界内、外球。

3）比赛后：

① 比赛结束后协助第一裁判员组织退场工作，与双方队长、教练员互通礼节。

② 请双方队长确认比赛结果并在记录表上签字。

③ 监督收回比赛器材。

④ 检查记录表并签字。

⑤ 协助第一裁判员做好比赛的结束工作和临场小结。

3. 记录员

（1）位置：

记录员在第一裁判员对面的记录台，面对第一裁判员执行其职责。

（2）记录员职责：

1）比赛前：

① 按照规定程序登记比赛信息以及比赛队队员的姓名、号码，并获得双方队长和教练员的确认签字。

② 请第二裁判员及时收回位置表，将比赛队的开始阵容登记在记录表上。

2）比赛中：

① 记录得分。

② 掌握各队的发球次序，在球队询问发球次序时，及时、准确地告知发球队或发球队员。发现发球次序错误，应在发球后立即通知裁判员。

③ 掌握并登记暂停和换人次数，并通知第二裁判员。

④ 对违背规则的间断请求及时告知裁判员。

⑤ 在每局结束及决胜局某队获得 8 分时，及时告知裁判员。

⑥ 记录各种判罚、申诉和不符合规定的请求。

⑦ 在第二裁判员指导下登记其他事件，如特殊换人、恢复时间，被拖延的间断，外因造成的间断等。

⑧ 掌握局间休息时间。

3）比赛后：

① 登记比赛最终结果。

② 如果有提出抗议的情况并得到第一裁判员同意，允许队长将有关抗议的内容写在记分表上。

③ 登记比赛中出现的并在第一裁判员认可情况下的特殊事件。

④ 在记分表上签字后，取得双方队长和各位裁判员签字。

4. 司线员

（1）位置：

两名司线员，其位置站在两名裁判员右侧场区角端，距场角 0.5～1 米处，各自负责其一侧的端线和边线。

(2) 司线员职责：

1) 比赛前：

① 主动协助检查整理场地、器材、设施。

② 索取司线旗，规格 40 cm×40 cm，准备入场。

2) 比赛中：

① 用旗按旗示执行其职责：

a. 当球落在他负责的线附近时，示意"界内"或"界外"。

b. 球触及接球人身体后出界，示意"触手出界"。

c. 示意球触及标志杆、发球后球从过网区外过网等。

d. 示意发球击球时场内队员脚踏出场区之外(发球队员除外)。

e. 发球队员脚的犯规。

f. 球从标志杆外过网进入对方场区。

② 在第一裁判员询问时，必须重复其旗示。

③ 严格遵守司线员工作方法的 16 字方针：加强预判、抢好角度、看线等球、出旗果断。

3) 比赛后：

① 协助监督收回比赛器材、设备。

② 协助第一、第二裁判员完成好比赛的结束工作，参与做好临场小结工作。

七、比赛场地、器材

(一) 比赛场地

比赛场地主要由比赛场区和无障碍区组成，见图 8-6 所示。

1. 比赛场区

比赛场区为长 12 米、宽 6 米的长方形。其四周至少有 2～3 米宽的无障碍区，从地面向上至少有 7 米高的无障碍空间。要求场地地面必须平坦水平，防滑但不粗糙。不得存在任何可能造成队员受伤的隐患。

2. 场地上的线

所有边线宽 5 厘米，颜色与场地颜色相区别。

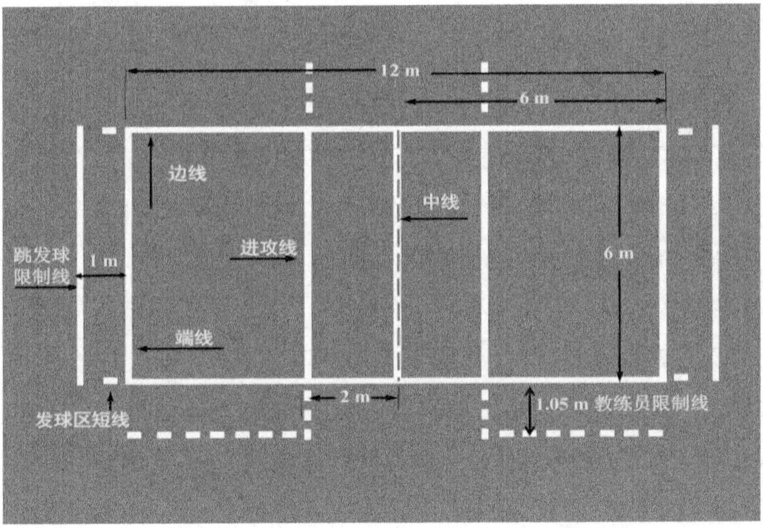

图 8-6　比赛场地

(1) 界线：两条边线和端线划定了比赛场区。边线和端线都包括在比赛场区面积之内。

(2) 中线：中线连接两条边线的中点。中线的中心线将比赛场区分为长 6 米、宽 6 米的两个相等的场区。

(3) 进攻线：每个场区各画一条距离中线中心线 2 米的进攻线。进攻线(包括进攻线的宽度)前为前场区，进攻线后为后场区。进攻线外两侧各间距 20 厘米、长 15 厘米的三段虚线为进攻线的延长线。两条进攻线的延长线之间、记录台一侧边线外的范围为换人区。

(4) 发球区短线：端线后两条边线的延长线上各画一条长 15 厘米，垂直并距离端线 20 厘米的短线，两条短线(包括短线宽度)之间的区域为发球区，发球区深度延至无障碍区的终端。

(5) 跳发球限制线：在距端线后 1 米处画一条平行于且与端线长度相等的平行线为跳发球限制线，跳发球必须在该线后完成起跳动作。

(6) 教练员限制线：从进攻线的延长线至端线延长线，距边线 1.05 米并平行于边线，由一组长 15 厘米、间隔 20 厘米的虚线组成教练员限制线；比赛中教练员活动区域为限制线外、球队席前的区域，球队其他成员坐在球队席上。

（二）器　材

器材包括球网、网柱、球、标志带、标志杆、裁判台。

（1）球网：球网架设在垂直地面中线上空。球网为黑色，长 7 米，宽 0.8 米，网孔为 8 厘米见方。网的上沿缝有 5 厘米宽的双层白色帆布，中间用柔软的钢丝绳穿过，网的下沿用绳索穿起，上下沿拉紧并固定在网柱上。

（2）球网高度：

老年组：男子球网高度为 2 米，女子球网高度为 1.8 米。

中青年组：男子球网高度为 2.1 米，女子球网高度为 1.9 米。

球网高度用量尺从场地中间丈量。球网两端离地面必须相等，不得超过规定高度 2 厘米。

（3）标志带：球网的两端各系一条宽 5 厘米、长 0.8 米的标志带，垂直于边线。

（4）标志杆：在两条标志带外沿、球网的不同侧面，分别设置长 1.8 米、直径 1 厘米的标志杆，高出球网 1 米。标志杆每 10 厘米涂有红白相间的颜色。

（5）网柱：网柱由圆形光滑的金属材料制成。网柱分别架设在两条边线外 0.5～1 米的中线延长线上。网柱外应用海绵类软质护套或使用类似软布材质将网柱包裹住，以防运动员磕碰受伤。

（6）球：球为圆形，球的面料由柔软的高密度合成革材质制成，颜色为彩色。圆周长为 72～78 厘米，重量为 120～140 克，气压为 0.15～0.18 千克/平方厘米。一次比赛所用的球必须是同一特性、同一品牌的球。

（7）裁判台：必须是高度可调节、便于裁判判断的工作台，裁判台的高度应使每个裁判员的最佳水平视线高出球网水平上沿 50～80 厘米。

参考文献

[1] 黄汉升.球类运动——排球[M].北京：高等教育出版社，2009.

[2] 虞重干.排球运动[M].北京：人民体育出版社，2009.

[3] 陈铁成.气排球[M].厦门：厦门大学出版社，2014.

[4] 程战铭.排球[M].苏州：苏州大学出版社，1996.

[5] 中国排球协会，中国老年人体育协会气排球专项委员会.中国气排球[M].北京：人民体育出版社，2015.

[6] 中国排球协会.气排球竞赛规则[M].北京：北京体育大学出版社，2013.

[7] 于贵和.软式排球、沙滩排球、气排球理论与方法[M].北京：北京师范大学出版社，2009.

[8] 钟秉枢.跟专家练——排球[M].北京：北京体育大学出版社，1998.

[9] 国家体育总局.中国体育教练员岗位培训教材——排球[M].北京：人民体育出版社，2003.

[10] 黎禾.排球训练教程[M].北京：高等教育出版社，2008.

[11] 黄汉升.球类运动——排球[M].北京：高等教育出版社，2015.